スープが
作れたら、
自炊は
半分できた
ようなもの

有賀 薫

私たちはなぜ料理をするのでしょう？

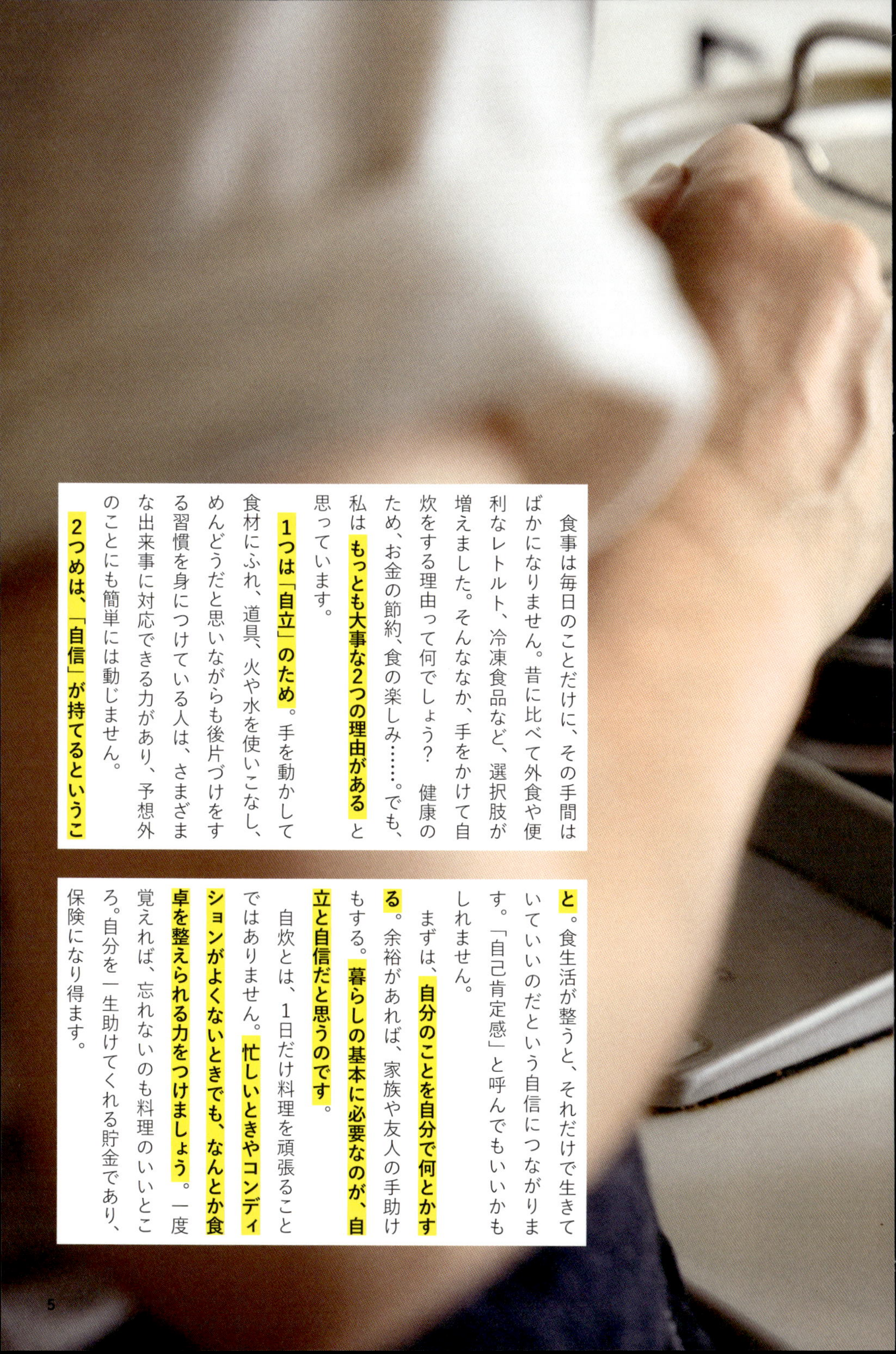

食事は毎日のことだけに、その手間はばかになりません。昔に比べて外食や便利なレトルト、冷凍食品など、選択肢が増えました。そんななか、手をかけて自炊をする理由って何でしょう？　健康のため、お金の節約、食の楽しみ……。でも、私は**もっとも大事な2つの理由がある**と思っています。

1つは「自立」のため。手を動かして食材にふれ、道具、火や水を使いこなし、めんどうだと思いながらも後片づけをする習慣を身につけている人は、さまざまな出来事に対応できる力があり、予想外のことにも簡単には動じません。

2つめは、「自信」が持てるということ。食生活が整うと、それだけで生きていていいのだという自信につながります。「自己肯定感」と呼んでもいいかもしれません。

まずは、**自分のことを自分で何とかする**。余裕があれば、家族や友人の手助けもする。**暮らしの基本に必要なのが、自立と自信だと思うのです**。

自炊とは、1日だけ料理を頑張ることではありません。**忙しいときやコンディションがよくないときでも、なんとか食卓を整えられる力をつけましょう**。一度覚えれば、忘れないのも料理のいいところ。自分を一生助けてくれる貯金であり、保険になり得ます。

スープは、
自炊初心者の
強い味方

料理をしてみたくなったけれど、何からはじめたらいいのかわからない。そんな人の味方が、スープです。**食べる人はもちろん、作る人にもやさしいのがスープの特徴**。鍋ひとつで作れて失敗しにくく、キッチンの環境も選びません。多めに作って食べまわすことも、冷蔵庫の残り物を片づけることもできて経済的。不足しがちな野菜も簡単にとることができます。

なかでも最初に覚えてほしいのは、サラッとした汁だけのものではなく、**具がたっぷり入っていて主菜と副菜を兼ね、一杯で栄養がとれるようなもの**。これから自炊をスタートする人だけでなく、忙しくて料理をする時間があまりとれないという人にとっても、とても**合理的な料理**なのではないかと私は思っています。

スープを作ることで自炊の基本が自然と身につく

この本では、**1章から8章まで、それぞれ違うタイプのスープをご紹介**しています。具だくさんの「食べるスープ」を中心に、ご飯やパンと組み合わせるだけで充分な食事になるようなスープと汁ものを厳選しました。食材の下ごしらえやだしについて、味つけの加減、また、炒めたり煮込んだりするときのコツ。**さまざまなスープを作ってみることで、「自炊の基本」ともいえるスキルや知識が身につきます**。

温かく、滋養のある食事をとりたい人にとって、スープは最適の料理。日常的に取り入れれば、あなたの食生活がグッと楽しく、おいしく、かつ健康的なものになるはずです。

目次

まず、そろえたい調味料 —— 14
買いたしたい調味料 —— 15
おすすめの調理道具 —— 16
スープの器について —— 17
計量は「だいたいこのくらい」でも大丈夫。 —— 18
きちんと量る方法も覚えておこう！ —— 19

1章 みそ汁が作れたら、自炊は半分できたようなもの —— 20

「おかずみそ汁」とご飯さえあればいい —— 22
豆腐のかきたまみそ汁 —— 23
Column 基本のみそ汁の作り方 —— 24
コーンとじゃがいものみそ汁 —— 26
鮭とニラのみそ汁 —— 27

野菜たっぷりみそ汁が健康のお守り —— 28
いろいろ野菜と油揚げのみそ汁 —— 29
チンゲンサイともやし、かにかまのみそ汁 —— 30
ブロッコリーとベーコンのみそ汁 —— 31

みそ汁をとことん楽しもう —— 32
【トッピングを楽しむ】なすのみそ汁にどっさり薬味ミックス —— 33
【だしを変えて楽しむ】鶏ガラスープで餃子《ギョウザ》と豆苗のみそ汁 —— 34
【だしがらも楽しむ】だしがらチャーハン —— 36
だしがら煮干しのアヒージョ —— 37
Column みそ汁のだしいろいろ —— 38
Column みそ汁のトッピングいろいろ —— 39

2章 おはようのクイックスープで目を覚まそう —— 40

「注ぐだけスープ」で体を温める —— 42
茶節《ちゃぶし》 —— 43
キムチ茶節 —— 43
とろろ汁 —— 44

梅と豆腐のとろろ汁 —— 44

切り干し大根スープ —— 45

切り干し大根とカラムーチョのスープ —— 45

「レンジスープ」で朝の栄養補給 —— 46

パンプディングスープ —— 47

豆乳卵スープ —— 47

えのきと豆腐、油揚げの梅スープ —— 48

レンジみそ汁 —— 48

しょうがミルクくず湯 —— 49

市販のスープにちょいたしして食べる —— 50

ミネストローネ＋トマト —— 51

きのこポタージュ＋しめじ&えのき —— 52

かぼちゃポタージュ＋冷凍かぼちゃ —— 52

コーンポタージュ＋冷凍コーン —— 53

3章 フライパンでパパッと カレースープ —— 54

毎日でも食べられる、さらさらカレースープ —— 56

ひき肉となすのカレースープ —— 57

ひき肉とピーマンのガパオ風カレースープ —— 59

とんトロと大根の柚子カレースープ —— 60

ルウで作る、とろみカレースープ —— 62

鶏じゃがカレー —— 63

卵と黒こしょうのカレー —— 65

ソーセージとキャベツのサワーカレー —— 66

シーフードカレーも気軽に楽しむ —— 68

さば缶とパクチーのカレースープ —— 69

シーフードミックスの卵入りカレー —— 70

かきのカレー —— 71

4章 体ポカポカ！ おなかも満足のとろみスープ —— 72

とろみでスープはさらにおいしくなる —— 74

ひき肉とトマトのとろみスープ —— 75

Column 水溶き片栗粉で上手にとろみをつける —— 76

牛肉と小松菜のキムチスープ —— 78

あさりとキャベツの塩バタースープ —— 79

「スープかけご飯」でサラッと食べる —— 80
豚肉と白菜のスープかけご飯 —— 81
ささ身とのりのスープかけご飯 —— 82
油揚げとねぎのスープかけご飯 —— 83

「あんかけご飯」でおなかを満たす —— 84
麻婆豆腐のあんかけご飯 —— 85
えびとアボカドのあんかけご飯 —— 86
きのこと卵の甘酢あんかけご飯 —— 87

5章 パンとスープで、幸せな気持ちになる —— 88

パン入りスープでまんぷく、満足 —— 90
玉ねぎと卵のミネストローネ風 —— 91
鶏肉と青豆のスープ —— 92
にんじんと牛肉のシチュー —— 93

クリームスープで心を満たす —— 94
ソーセージとブロッコリーのクリームスープ —— 95
Column 意外と簡単！ ホワイトソースの作り方 —— 96
鶏肉とかぶの豆乳シチュー —— 98
きのことシーフードミックスのチャウダー —— 99

パンとポタージュは、やっぱり最高 —— 100
かぼちゃのポタージュ —— 101
新玉ねぎのポタージュ —— 102
ホットガスパチョ —— 103
Column ミキサーとハンドブレンダーについて —— 104
Column スープに合う「クルトン」いろいろ —— 105

6章 豚汁の具は野菜1つでもなんとかなる —— 106

野菜1つでエブリデイ豚汁！ —— 108
かぶの豚汁 —— 109
れんこんのごま豚汁 —— 110
えのきのくるくる梅豚汁 —— 111

豚肉＋具2つで無限に広がる豚汁の楽しみ —— 112
大根と結びしらたきの豚汁 —— 113
しいたけと焼き玉ねぎの豚汁 —— 114
ピーマンともやしのピリ辛豚汁 —— 115
玉ねぎとじゃがいものカレー豚汁 —— 116

Column 「冷凍豚肉」でいつでも豚汁 —— 117
王道の豚汁を作ってみよう —— 118
THE・豚汁 —— 119
【豚肉を牛肉に】いも煮 —— 122

7章 休日に作りたいごちそうスープ —— 124

かたまり肉で「塩豚」を作ってみる —— 126
塩豚とキャベツのポトフ —— 127
塩豚とまるごとトマトのスープ —— 130
肉だんごマスターになろう! —— 132
ハンバーグシチュー —— 133
鶏だんごとチンゲンサイのスープ —— 137
プロの味「チキンスープ」に挑戦 —— 138
塩鶏と玉ねぎ、じゃがいものスープ —— 139
Column 鶏肉の部位の選び方 —— 141
参《サム》鶏《ゲ》湯《タン》風スープ —— 143

8章 不足しがちな栄養はスープでとる —— 144

わかめときゅうりのさっぱりスープ —— 146
めかぶと長いものとろとろスープ —— 147
さば缶と焼きねぎのスープ —— 148
オイルサーディンとトマトのスープ —— 149
押し麦とブロッコリーのミルクスープ —— 150
玄米の青菜がゆ —— 151
しらすとキャベツのスープ —— 152
煮干しと豆もやしのキムチスープ —— 153
えのきとサラダチキンのサンラータン —— 154
まいたけとレタスのシャキシャキスープ —— 155
ツナと豆のクリームチャウダー —— 156
がんものコンソメスープ —— 157

この本のルール

●特に記載がない場合、野菜、いも類の皮はむいてから調理してください。●梅干しは塩分10～15％のものを基準にしています。味をみて、たりない場合は塩少々をたしてください。●この本で使用している調理道具について詳しくは、P16を参照してください。●電子レンジ：加熱時間は６００Ｗのものを基準にしています。５００Ｗなら1・2倍、７００Ｗなら0・8倍を目安に加熱してください。なお、機種によって多少異なる場合があります。

まず、そろえたい調味料

やはり、まずは**「料理のさしすせそ」（砂糖、塩、酢、しょうゆ、みそ）**を。銘柄は好みのものでかまいません。あえて補足するとしたら、みそ汁に使うみそについて。さまざまな種類があるので迷うかと思いますが、食べ慣れた味に近いものがいちばんです。実家で使っていたみそ、または地元産のみそを選んでみてください。下味をつけたり、食材の臭みを消したりするのに活躍する**こしょう**、**酒（食塩無添加のもの）**も欠かせません。

買いたしたい調味料

こちらは挙げはじめればきりがないのですが、とりあえず買いたすならこの4つ。**みりん**はスープにも使いますが、照り焼きなど甘辛い味つけに必要なので、おかず作りにも便利な調味料です。**カレー粉**は3章でご紹介している「さらさらカレースープ」や、みそ汁の味変に。**ラー油**や**七味唐辛子**はスープの仕上げにふると、ピリッと味を引き締めてアクセントになります。

おすすめの調理道具

1～2人分のスープに活躍するのが、**口径15㎝ほどの片手鍋**。みそ汁はこれさえあれば充分です。炒める工程があるスープやカレーには、**直径20㎝前後の少し深さがあるフライパン**。どちらも、少量の水で「蒸し煮」ができるふたがあるといいでしょう。3～4人分の煮込み料理には、**鋳物などの厚手の鍋**（**口径20㎝前後**）を。**おたま**は小さめを選び、**へらは木製でもOK**ですが、すくうことができる**シリコンスプーン**が便利です。

スープの器について

ほとんどのスープは、写真の3つのカテゴリの器があれば違和感なく盛りつけられます。みそ汁や豚汁は**木製か陶器のお椀**を。大小2サイズがあると便利です。**ひっくり返すと台形になるような形のボウル**はスープだけでなくサラダを盛っても。**シンプルな形で電子レンジにかけられるもの**があると便利でしょう。**少し深さがあって平たいスープ皿**は、洋風スープやあんかけご飯、カレーを食べるときに役立ちます。

計量は「だいたいこのくらい」でも大丈夫。

ディナースプーン

カレーを食べるときに使うような
すくう部分の長径が5㎝くらいのもの。

≒

大さじ1

15 mℓ

ペットボトルのふた

ちょっとたりないくらい。

ティースプーン

ちょっとこぼれるくらい。

≒

小さじ1

5 mℓ

グラス

（口径8.5×高さ 9㎝）
7㎝
形にもよるが、だいたい同じくらいのグラスなら、これを目安に。

ペットボトル

（500mℓまたは550mℓ入り）
6.5㎝
ペットボトルの形状にもよるが、だいたいこれを目安に。

≒

200 mℓ

1カップ

きちんと量る方法も覚えておこう！

計量スプーンの正しい使い方

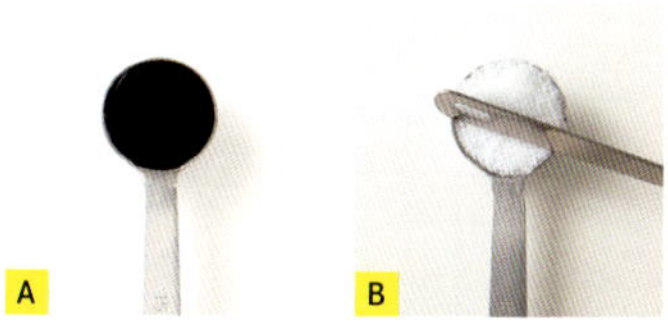

きちんと「1杯」を量る

A：しょうゆやサラダ油など液体の「1杯」は、あふれるギリギリまで入れた状態。
B：塩や小麦粉など粉ものの「1杯」は、スプーンの柄などで余分を落とした「すりきり」の状態。

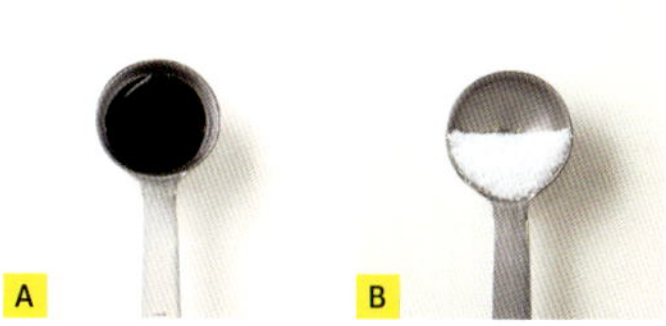

きちんと「1/2杯」を量る

A：しょうゆやサラダ油など液体の「1/2杯」は、高さの2/3まで入れた状態。
B：塩や小麦粉など粉ものの「1/2杯」は、「1杯」を量ったあと、スプーンの柄などで余分を取り除いた状態。

少々

塩や砂糖などを、親指と人さし指の2本でつまんだ量。

ひとつまみ

塩や砂糖などを、親指、人さし指、中指の3本でつまんだ量。

バター 10g

3×3×厚さ1㎝が大きさの目安。バター1箱は幅6㎝のものが多いので、縦半分にして厚さ1㎝に切っておくのがおすすめ。

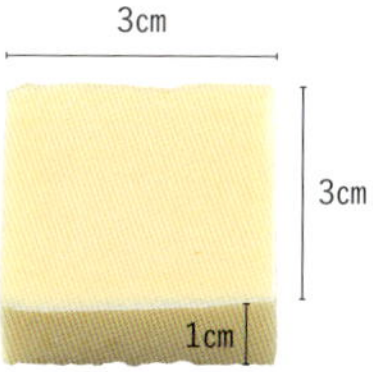

サラダ油 大さじ1

冷たいフライパンに冷たい油を注いだとき、直径8㎝くらいまで広がる状態が大さじ1。ちなみに大さじ1/2なら直径4㎝くらいになる。

しょうが 1かけ

親指の先の第一関節くらいまでが大きさの目安。だいたい10gくらいになる。

1章

みそ汁が作れたら、自炊は半分できたようなもの

まず覚えてほしいのは、
なんといってもみそ汁。
簡単で栄養価が高く、私が知るかぎり
世界でもっとも優れたスープです。

みそ汁ほど、どんな具材でも
受け入れてくれるスープはありません。
洋風や中華風の具材でも
みそ汁なら大丈夫。
たんぱく質、野菜、発酵食品が同時にとれて、
まさにパーフェクト！
ご飯が炊けてみそ汁が作れたら、
自炊の土台はできたようなものと言っても
過言ではありません。

「おかずみそ汁」とご飯さえあればいい

まずはシンプルかつ
ボリュームのある「おかずみそ汁」を。
あとはご飯さえあれば、
軽めの一食になります。

卵を1個たすだけで
簡単にボリュームアップできる。

豆腐のかきたまみそ汁

材料	2人分
豆腐(木綿、絹ごしどちらでも可)	100g
卵	1個
だし汁※	400㎖
みそ	大さじ2
万能ねぎの小口切り	適量

※だし汁は顆粒のだしの素、だしパックなど好みのもの。詳しくはP38参照。

作り方

❶ 豆腐は1～2㎝角に切る。卵はボウルに割りほぐす。

❷ 鍋にだし汁を入れて中火にかける。煮立ったら豆腐を加えて1～2分温め、みそを溶き入れる。

❸ 再び煮立ちはじめたら弱めの中火にし、①の溶き卵を細くたらすようにして加える。卵がふんわりと浮かんだらすぐに火を止める。器に盛り、ねぎを散らす。

「かきたま汁」を ふんわり仕上げるコツ

☞ 卵は箸で白身を切るように溶きほぐす(白身がばらければOK)

☞ 汁をしっかりと熱してから溶き卵を加える

☞ 溶き卵は位置をずらしながら箸にそわせてたらし、浮かんでくるまではさわらない

基本のみそ汁の作り方

みそ汁を作るのが初めての人も、作ったことがある人も、あらためて工程を確認してみてください。

❶ 具材を切る

目安として、２人分でお椀に山盛り１杯の具材でたっぷりの「おかずみそ汁」に。大根は「いちょう切り」、白菜は「ざく切り」など、食べやすい大きさに切りそろえましょう。サイズがバラバラだと煮え方にむらが出てしまいます。

❷ 煮る

鍋にだし汁（または水）を入れて中火にかけます。２人分で400～500㎖が目安。具材を加えるタイミングは３パターン。

- 根菜や大きな具など、煮えにくいものは火にかける前に
- 葉ものや豆腐、油揚げ、魚などはだしが煮立ってから
- 卵などあっという間に火が通るもの、ねぎやニラなど生の香りを生かしたいものはみそを溶いたあとに

③ みそを溶く

具に火が通ったら、食べる直前にみそを溶き入れ、ひと煮立ちさせます。2人分で、みそは大さじ2杯が目安。だし汁の種類や量、みその塩分によるので、慣れるまでは必ず味見をしましょう。

だし、どうする?

はじめは便利なだしの素やだしパックをぜひ活用してください。肉類や魚介類などうまみのある具材なら、だし汁ではなく水だけでも充分おいしい場合も。だしについて、詳しくはP38を参照。

コーンとじゃがいものみそ汁

コーンとじゃがいもは相性ばっちり。
バターを落としてもおいしい！

材料	2人分
ホールコーン缶詰（100～120g）	1缶
じゃがいも（小）	1個
玉ねぎ	1/4個
だし汁	450mℓ
みそ	大さじ2弱
バター（好みで）	適量

作り方

1. 玉ねぎは横半分に切ってから、縦に薄切りにする。じゃがいもは約1.5cm角に切る。
2. 鍋にだし汁、①を入れてふたをし、中火にかける。煮立ったら弱火にして5分ほど煮る。じゃがいもに火が通ったらコーンの缶汁をきって加える。
3. みそを溶き入れ、ひと煮立ちさせて器に盛る。好みでバターをのせても。

鮭とニラのみそ汁

ニラは香りと食感を残すため、最後に加えます。ラー油をたらしてちょっと中華風に。

材料	2人分
生鮭の切り身※	2切れ
ニラ	1/2束
だしの素(顆粒)	ひとつまみ
みそ	大さじ2
ラー油	少々

作り方

1. 鍋に水500㎖を入れて中火にかける。ニラは長さ3㎝に切る。鮭は半分に切る。
2. 煮立ったらだしの素を加え、鮭をそっと入れて4～5分煮る。
3. みそを溶き入れ、ニラを加えて30秒～1分煮る。器に盛り、ラー油をたらす。

※鮭は塩少々(分量外)をふって5～10分おき、ペーパータオルで水けを拭くと、生臭みが取れてさらにおいしくなります。

野菜たっぷりみそ汁が健康のお守り

「どうしても、野菜が不足しがち」という人におすすめなのが具だくさんの野菜みそ汁です。コンビニのおにぎりですませるようなときでも、みそ汁を一杯つけるだけで、きちんと食べたという満足感が得られます。

余った野菜はなんでも入れてOK。
油揚げでコクをプラスすればだしいらず。

いろいろ野菜と油揚げのみそ汁

材料	2〜3人分
白菜の葉	2〜3枚（約120g）
玉ねぎ	1/4個
にんじん	1/3本
しめじ	1/2パック
油揚げ	1/2枚
みそ	大さじ3

作り方

❶ 白菜は一口大のざく切りにする。玉ねぎは縦に薄切りに、にんじんは薄い輪切りにする。しめじは石づきを落としてほぐす。油揚げは幅1㎝に切る。

❷ ①の野菜を鍋に入れ、水100㎖を加えてふたをし、中火にかける。6〜7分蒸し煮にしてから、水500㎖をたす。煮立ったら再びふたをして弱火にし、7〜8分煮る。

❸ 油揚げを加えてみそを溶き入れ、ひと煮立ちさせる。

少量の水を加えてふたをし「蒸し煮」にすることで、野菜のえぐみを除いて甘みやうまみを際立たせます。みそ汁に限らず、知っておくと重宝する手法です。火が強すぎると焦げるので注意！

チンゲンサイともやし、かにかまのみそ汁

赤が食欲をそそる、中華風の組み合わせ。
野菜は短時間でシャキシャキに仕上げます。

材料	2〜3人分
チンゲンサイ	1株
もやし	1/2袋
だし汁	600㎖
かに風味かまぼこ	3〜4本
みそ	大さじ3

作り方

❶ チンゲンサイは長さを3等分に切り、茎の部分は縦4〜6等分に切る。もやしは洗って水けをきる。

❷ 鍋にだし汁、チンゲンサイを入れて中火にかけ、煮立ったら弱火にして3〜4分煮る。もやし、粗く裂いたかにかまを加えてさらに3分ほど煮る。

❸ みそを溶き入れてひと煮立ちさせる。

ブロッコリーとベーコンのみそ汁

洋風の具材がパンにも合う！
おなかも満足のボリュームみそ汁。

材料 2人分

ブロッコリー(小)	1株(約250g)
ベーコン	2枚
玉ねぎ	1/4個
みそ	大さじ2
粉チーズ	適量

作り方

❶ ブロッコリーは小房に分ける。茎は根元の堅いところを落として皮を厚めにむき、食べやすい大きさの薄切りにする。玉ねぎは縦に薄切りにする。ベーコンは幅1.5～2㎝に切る。

❷ 鍋にブロッコリー、玉ねぎ、ベーコンの順に入れ、水100㎖を加えてふたをし、中火にかける。煮立ったら5分ほど蒸し煮にする。

❸ 水500㎖をたし、煮立ったらみそを溶き入れてひと煮立ちさせる。器に盛り、粉チーズをふる。

みそ汁をとことん楽しもう

自分なりの楽しみを見つけられると
みそ汁はもっと楽しくなります。
トッピングで遊んでみたり、
たまにはだしの種類を変えてみるのもいい。
だしをとったあとの「だしがら」も使いきり！
みそ汁プラスアルファの楽しみ方をお伝えします。

香味野菜の風味をプラスすることで
もっとおいしくなる！

なすのみそ汁に どっさり薬味ミックス

材料	2人分
なす	2個（250〜280g）
だし汁	450mℓ
みそ	大さじ2
薬味ミックス（下記参照）	適量

作り方

❶ なすはへたを落とし、縦半分に切ってから幅2〜3cmに切る。

❷ 鍋にだし汁を入れて中火にかけ、煮立ったらなすを加えて5〜6分煮る。

❸ なすが柔らかくなったらみそを溶き入れてひと煮立ちさせる。器に盛り、薬味ミックスをたっぷりとのせる。

「薬味ミックス」の材料と作り方（作りやすい分量）

❶ 万能ねぎ3本は小口切り、みょうが2個は縦半分に切ってから横に薄切り、青じその葉5枚は細かめにちぎる。貝割れ菜1/2パックは根元を落として長さを3等分に切る。

❷ ①を手でふんわりと混ぜ、ペーパータオルを敷いた保存容器に入れる。冷蔵で3日ほど保存可能。

※生のまま保存するので、材料は洗って水けをしっかりきってから作ってください。

かつおだしだけがみそ汁じゃない。
中華でも洋風だしでもみそ汁になる！

鶏ガラスープで餃《ギョウ》子《ザ》と豆苗のみそ汁

材料	2人分
市販の焼き餃子（または焼いた冷凍餃子）	6個
豆苗	1/3袋
鶏ガラスープの素（顆粒）	小さじ1
みそ	大さじ2

作り方

1. 豆苗は根元を落として3等分に切る。焼き餃子はオーブントースターなどでかるく温める。
2. 豆苗、水50mℓを鍋に入れ、ふたをして弱火にかけ、ふつふつとしてから3分ほど蒸し煮にする。水400mℓ、鶏ガラスープの素を加え、煮立ったらみそを溶き入れ、ひと煮立ちさせる。
3. 器に①の餃子を入れ、②を注ぐ。

スーパーのお総菜や、残りものの餃子でOK。鶏ガラだしには、もちろんマッチします。

だしがらも楽しむ

捨てちゃうのはもったいない！
だしをとったあとのだしパックを活用。

だしがら チャーハン

材料	1人分
使用ずみのだしパック	1パック分
温かいご飯	茶碗1杯分(150～200g)
卵	1個
ねぎのみじん切り	5㎝分
サラダ油(またはごま油)	大さじ1
塩、こしょう、しょうゆ	各少々

作り方

1. だしパックは水けを絞り、開いて中身を取り出す(熱いときはさましてから)。卵はボウルに割りほぐす。
2. フライパンにサラダ油を中火で熱し、溶き卵を回し入れ、その上にご飯を加える。へらでご飯と卵を切るようにして混ぜながら炒める。
3. だしがら、ねぎを加え、混ぜながら炒める。塩、こしょうで調味し、仕上げにしょうゆをフライパンの縁から回し入れてさっと混ぜる。

だしがらも楽しむ

煮干しだしをとったら
うまみたっぷりの
おつまみも作れます。

だしがら煮干しのアヒージョ

材料	作りやすい分量
だしがらの煮干し※	ひとつかみ
にんにくの薄切り	1かけ分
オリーブオイル	約150㎖
塩	小さじ1/3
赤唐辛子の輪切り	ひとつまみ
バゲットの薄切り	適量

作り方

❶ スキレットや小さめのフライパンに煮干し、にんにく、塩、赤唐辛子を入れ、ひたひたになるまでオリーブオイルを注ぐ。

❷ 中火にかけ、煮立ったら弱火にして3～4分煮る。バゲットを添える。

※ 煮干しは、みそ汁数回分を冷蔵庫で保存してためておくとよい。乾燥した煮干しだとカリカリになってしまうので、水分を含んだだしがらの煮干しが向いています。

みそ汁のだしいろいろ

毎日のみそ汁に使うだしは、お気に入りのものをひとつ決めておくとラクチンです。気分を変えたいときは、中華や洋風のだしも使ってみましょう。どんなだしでも、みそ汁なら大丈夫。

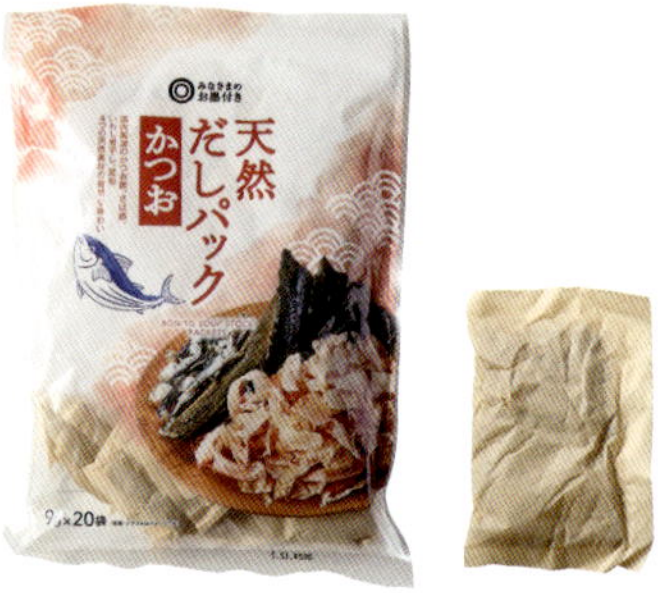

だしパック

ポンと水か湯に入れて、数分間煮出すだけ。かなり塩けが強いタイプもあります。煮出してだし汁ができたら一度味をみましょう。

だしの素(顆粒)

水か湯に溶かすだけ。昆布とかつお、煮干しなどお好みで。控えめに加えて、味をみてたりなければたすとよい。

鶏ガラスープの素(顆粒)

ひとふりで鶏のうまみがしっかり。中華料理でよく使われるような具材のときに使ってみてください。和風だしと組み合わせても。

コンソメスープの素

固形と顆粒の2タイプがあります。顆粒は湿気で固まりやすいので、一～二人暮らしなら小分けタイプがおすすめです。

煮干し

鍋に水と煮干し4～5尾を入れ、弱めの中火にかけて煮出します。あらかじめ30分ほど水につけておくと、だしが出やすい。

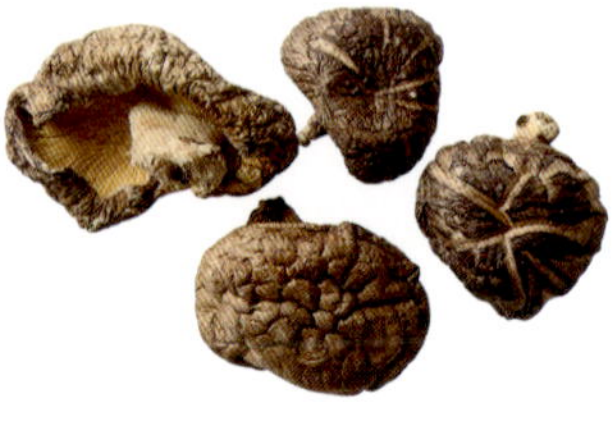

干ししいたけ

約3時間水につけると風味豊かなだしがとれ、具としても食べられます。単品のだしは個性が強いので、ほかの種類のだしと混ぜて使うことが多いです。

みそ汁のトッピングいろいろ

みそ汁のトッピングには、香り、辛み、食感やコク、うまみをたすものなどがあります。ちょいたし食材をいろいろ試して、お気に入りを見つけてください。

“ふるだけ”トッピング

刻みねぎやみょうがなど定番のトッピングのほか、香り[青のり、刻みのり、すりごま]、辛み[辛子、七味唐辛子、こしょう、粉山椒、ラー油、ゆずこしょう]、食感やコク[揚げだま、粉チーズ、バター、ごま油]などを好みでたしてみましょう。

もっとおいしくなるミックストッピング

具がシンプルなら、少し凝ったトッピングもいいものです。サクサクの揚げだまに青のり、みそ汁の定番トッピングのねぎにピリ辛のラー油を混ぜたものなど、同じ具、同じ作り方のみそ汁でも、まったく違う味わいになります。

2章

おはようのクイックスープで目を覚まそう

朝ごはん、食べてますか？
仕事や学校に出かける前、
何か少しでもおなかに入れたいもの。
スープなら、一杯で水分がとれて温まり、
頭と体のエンジンがかかりやすくなります。
とはいえ、朝から切って煮込んで…はちょっと大変。
ここでは、お湯を注ぐだけ、レンジにかけるだけ、
市販のスープにちょいたしするだけ、
それでいてちゃんとおいしい。
私がふだんからよく作っている
「クイックスープ」をご紹介します。
小腹がすいたときや、おかずとご飯に
さっと作れる汁ものをつけたいときにも
便利なんです。

「注ぐだけスープ」で体を温める

共通の作り方

器に材料を入れ、熱湯を注ぐ。湯の量の目安は150㎖。スプーンや箸などでよく混ぜる。

ポットで湯を沸かしたら、
カップに具を入れて湯を注ぐだけ。
すぐにだしが出て、
しみじみおいしいスープです。

削り節で
30秒みそ汁「茶節《ちゃぶし》」

鹿児島県のかつお節の産地で郷土の味として親しまれている「茶節」。削り節とみそをカップに入れて、お湯を注ぐだけの即席みそ汁です。

材料	1人分
削り節	3～4g
みそ	小さじ2
ねぎの小口切り	少々
熱湯	150mℓ

ちょこっとアレンジ！

キムチ茶節

材料	1人分
削り節	3～4g
みそ	小さじ2
白菜キムチ	少々
白いりごま	ひとつまみ
熱湯	150mℓ

やさしい舌ざわりの「とろろ汁」

とろろ昆布に湯をかけ、しょうゆや塩で少し味を補えば、立派なお吸いものになります。昆布は温度が高すぎると雑味が出てしまうので沸騰直前くらいの湯で。

材料	1人分
とろろ昆布	2～3g
塩	ひとつまみ
しょうゆ	小さじ1
万能ねぎの小口切り	少々
湯（約80°C）	150mℓ

ちょこっとアレンジ！

梅と豆腐のとろろ汁

材料	1人分
とろろ昆布	2～3g
豆腐（小さめに切る）	20g
梅干し	1/2個
しょうゆ	小さじ1
湯（約80°C）	150mℓ

歯ごたえで目が覚める「切り干し大根スープ」

もどし汁がうまみと甘みのあるだしになる切り干し大根は、スープにぴったり。湯を注いだら小皿などでふたをし、2～3分おいてから食べます。

材料	1人分
切り干し大根	4～5g（大さじ山盛り1）
カットわかめ（乾燥）	小さじ1/2
塩	ひとつまみ
しょうゆ	小さじ1
熱湯	150㎖

ちょこっとアレンジ！

切り干し大根とカラムーチョのスープ

材料	1人分
切り干し大根	4～5g（大さじ山盛り1）
塩	ひとつまみ
熱湯	150㎖
スティックポテトチップス（ホットチリ味）	ひとつかみ※

※食べる直前に加える。

「レンジスープ」で朝の栄養補給

1人分のスープは、
少なすぎて鍋で作るのがむずかしい量です。
電子レンジなら、あっという間に作れて
忙しい朝にももってこい。
たんぱく質食材を取り入れて栄養もたっぷり!

※器は容量約300㎖のものを使用しています。

朝食向きの食材を合わせてチン！
フルフルで食べごたえバッチリ。

パンプディング スープ

材料	1人分
食パン（6枚切り）	1/2枚（バゲットやぶどうパンでもOK）
ウインナソーセージ	1〜2本
卵	1個
塩	ひとつまみ
牛乳	100㎖
はちみつまたは砂糖	好みの量

作り方

1. 耐熱の器に卵を割り入れ、塩を加えて溶く。牛乳、水80㎖を加えて混ぜ、ソーセージ、パンを一口大にちぎって加える。
2. ラップをかけずに、電子レンジで3〜4分加熱する。様子をみて、縁がフルフルに固まったらでき上がり。はちみつまたは砂糖をかけて食べる。

黄身をくずすとスープにとろ〜り。
朝からたんぱく質たっぷり！

豆乳卵スープ

材料	1人分
卵	1個
豆乳（成分無調整）	200㎖
めんつゆ（3倍濃縮）	大さじ1〜2
万能ねぎの小口切り、揚げだま	各適量

作り方

1. 耐熱の器に卵を割り入れ、豆乳を加える。器の上は2cmほどあける。
2. ラップをかけずに、電子レンジで2分〜2分30秒、様子をみながら卵が半熟になるまで加熱する。
3. めんつゆを加えて調味する。万能ねぎ、揚げだまを散らし、卵をつぶしながら食べる。

えのきからおどろくほどだしが出る！
梅干しの酸味と塩けが味のベースに。

えのきと豆腐、油揚げの梅スープ

材料　1人分

材料	1人分
えのきだけ	1/3袋
豆腐（小さめに切る）	50g
油揚げ（細切り）	1/4枚分
梅干し	1個
塩	ひとつまみ
しょうゆ	少々

作り方

1. えのきは根元を落とし、長さ1cmに切る。
2. 耐熱の器に①、油揚げ、豆腐、水200mℓ、梅干しを半分にちぎって種ごと入れ、ラップをかけずに、電子レンジで3分加熱する。梅干しをくずして混ぜ、種を除く。
3. スープが熱くなったら、塩としょうゆで味をつける。あれば、万能ねぎの小口切りやちぎった青じそなどを加えても。

ストック食材で
食べたいときにいつでも。

レンジみそ汁

材料　1人分

材料	1人分
冷凍ほうれん草	ひとつかみ
油揚げ（細切り）	1/4枚分
カットわかめ（乾燥）	小さじ2
みそ	小さじ2
だしの素（顆粒）	小さじ1/3

作り方

1. 耐熱の器に冷凍ほうれん草、油揚げ、だしの素、水150mℓを入れる。
2. ラップをかけずに、電子レンジで3分加熱する。
3. 温まったら、わかめを加えてみそを溶く。

風邪ぎみのときにおすすめ。
くず粉を片栗粉で代用します。

しょうがミルク くず湯

材料	1人分
牛乳	180㎖
砂糖	大さじ1
片栗粉	小さじ2
しょうがのすりおろし	1かけ分

作り方

❶ 耐熱の器に砂糖、片栗粉、しょうがを入れ、少量の牛乳で溶いてから残りの牛乳を加えて混ぜる。

❷ ラップをかけずに、電子レンジで1分加熱し、一度取り出してよく混ぜる。20秒ずつ追加で加熱して取り出しては混ぜ、好みのとろみになったらでき上がり。

常温保存OK。朝スープに便利な食材

朝起きて、冷蔵庫に何もない！ でも、今すぐ食べたい！ そんなときのために、常備しておくと便利な食材がいろいろあります。

すぐに使える **缶詰**

さば缶、ツナ缶、ミックスビーンズ缶、コーン缶、トマト缶など

味のベースになる **飲料**

豆乳、トマトジュースなど

具がないときに助かる **乾物**

わかめ、切り干し大根、ごま、のり、削り節

ちょいたししてもおいしい
インスタント・レトルト食品

粉末スープ、レトルトスープ、パスタソース、レトルトカレー

市販のスープにちょいたしして食べる

市販のレトルトや粉末スープが、
朝食には重宝します。
そのまま食べてもいいけれど、
野菜を「ちょいたし」するのがおすすめ。
ベースのスープに使われているものなら
相性◎で、おいしさも増します。

※器は容量約300㎖のものを使用しています。

トマトの薄切りをひらりとのせる。
それだけで格段にグレードアップ！

ミネストローネ ＋ トマト

材料と作り方 1人分

❶ 市販のミネストローネ（レトルト）1袋（約160g）を耐熱の器にあけ、薄い輪切りにしたトマト1枚（または半分に切ったミニトマト1～2個分）をのせる。

❷ ふんわりとラップをかけて電子レンジで、温まるまで2分ほど加熱し、粉チーズ少々をふる。

生きのこはうまみの素。
味わいアップで満足度も◎。

きのこポタージュ
＋しめじ＆えのき

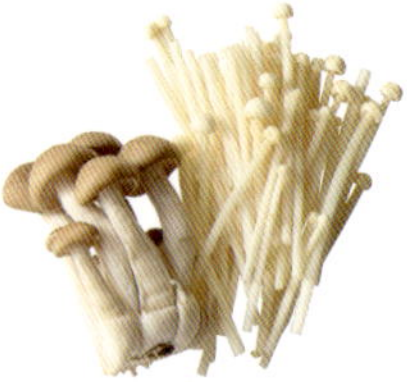

材料と作り方　　1人分

① 好みのきのこ（しめじ、えのきだけなど）約30gは石づきを落とし、食べやすい長さに切ってほぐす。耐熱の器に入れ、ふんわりとラップをかけて電子レンジで1分加熱する。

② 市販のきのこポタージュ（粉末）1袋を加え、パッケージの表示どおりの量の熱湯を注いでよく混ぜる。

冷凍食品を使えばいつでも作れます。
つぶしてもゴロゴロでもお好みで。

かぼちゃポタージュ
＋冷凍かぼちゃ

材料と作り方　　1人分

① 冷凍かぼちゃ1～2切れは耐熱の器に入れ、ふんわりとラップをかけて電子レンジで40秒～1分加熱する。好みで、スプーンの背などでつぶしてもよい。

② 市販のかぼちゃポタージュ（粉末）1袋を加え、パッケージの表示どおりの量の熱湯を注いでよく混ぜる。

コーンのつぶつぶ感をアップ。
バターを落とすとさらに風味豊かに。

コーンポタージュ＋冷凍コーン

材料と作り方　1人分

❶ 冷凍コーン（缶詰でも可）大さじ4は耐熱の器に入れ、ふんわりとラップをかけて電子レンジで40秒～1分加熱する。

❷ 市販のコーンポタージュ（粉末）1袋を加え、パッケージの表示どおりの量の熱湯を注いでよく混ぜる。

3章

フライパンで
パパッと
カレースープ

「時間がかかる料理」
というイメージが強いカレーですが……
深めのフライパン1つで、
10～15分あれば作れるカレーも
実はたくさんあるんです。
みそ汁やスープを作る感覚とほとんど同じ。
カレー粉で作ればサラッとしたスープカレー風。
固形ルウで作れば、
とろみのある懐かしい雰囲気の
カレーになります。
腕まくりをしなくても作れるとなれば、
毎日のように作りたくなり、
日々のごはんに大活躍してくれますよ。

毎日でも食べられる、さらさらカレースープ

まずは、カレー粉を使ったカレースープ。
サラッとしていて胃にもたれないし、
一度作り方を覚えてしまえば
具材を自由に組み合わせて楽しめます。

なすにひき肉がからんで食べごたえ充分。
ご飯を添えれば大満足！

ひき肉となすのカレースープ

材料	2人分
合いびき肉	150g
なす	2個
玉ねぎ	1/2個
にんにくのすりおろし、しょうがのすりおろし	各1かけ分
サラダ油	大さじ1と1/2
塩	小さじ2/3
カレー粉	大さじ1
トマトケチャップ	大さじ1

作り方

❶ 玉ねぎはみじん切りにする。なすはへたを落として乱切りにし、塩少々(分量外)をふってもむ。

❷ 深めのフライパンにサラダ油大さじ1を熱し、なすを中火で2分ほど炒め、一度取り出す。

❸ 同じフライパンにサラダ油大さじ1/2をたし、玉ねぎ、にんにく、しょうがを中火で2〜3分炒める。塩、カレー粉、ケチャップを加えて炒め合わせる。

❹ ひき肉を加えてかるくほぐし、②のなす、水300㎖を加える。煮立ったら弱火にして6〜7分、ときどき混ぜながら煮る。

フライパンがおすすめなのは、“炒める”ことができるから

カレー粉は炒めることで香りが立つスパイス。また炒めた食材の香ばしい風味もおいしいカレーのもとになります。香味野菜にカレー粉を加えて炒めることが、さらさらカレーの基本です。

タイ料理のガパオをスープ仕立てに。
カレー味を加えてスパイシー。

ひき肉とピーマンのガパオ風カレースープ

材 料	2人分
鶏ひき肉	150g
ピーマン(小)	3個
玉ねぎ	1/4個
にんにくのすりおろし	1かけ分
塩	小さじ2/3
カレー粉	小さじ2
赤唐辛子の輪切り	ひとつまみ
サラダ油	大さじ2
目玉焼き※	2個分

※フライパンに多めのサラダ油(分量外)を熱し、卵を割り入れて好みの堅さになるまで焼く。

作り方

❶ ピーマンは縦半分に切り、へたと種を取って横に幅1cmに切る。玉ねぎは縦に薄切りにする。

❷ 深めのフライパンにサラダ油を熱し、玉ねぎを中火で1～2分炒める。にんにくを加えて香りが立ったら、塩、カレー粉、赤唐辛子を加えて炒める。

❸ ひき肉、ピーマン、水350㎖を加えて混ぜ、煮立ったら、弱火にして3～4分煮る。器に盛り、目玉焼きをのせる。

カレー粉とカレールウの違いって？

カレー粉は、何種類ものスパイスを調合したもの。塩けや油のコクがないカレー粉は調理するときにそれらを補う必要がありますが、好みによって味わいを変えたり、あっさりしたカレーに仕上げたりすることができます。一方でカレールウは、スパイスに油脂や小麦粉、調味料を加えたもので、湯に溶かすだけでもカレーが作れます。

大根×柚子でご飯にぴったりの
和風スープカレー。

とんトロと大根の柚子カレースープ

材料	2人分
大根	8cm（約300g）
とんトロ （焼き肉用・豚バラや肩ロースでも可）	200g
しょうがの薄切り	1かけ分
カレー粉	大さじ1
サラダ油	大さじ1
塩	小さじ2/3
柚子の皮のせん切り	少々

作り方

❶ 大根はいちょう切りにする。豚肉は食べやすい大きさに切って塩、こしょう各少々（分量外）をふる。

❷ 深めのフライパンにサラダ油、大根を入れて中火にかけ、大根がやや透き通ってくるまで両面を焼く。大根を端に寄せて豚肉を加え、色が変わるまで両面を焼く。塩、カレー粉を加えて炒める。

❸ カレー粉が全体になじんだら水400㎖、しょうがを加えてふたをし、煮立ったら弱火にして大根が柔らかくなるまで15分ほど煮る。器に盛り、柚子の皮を散らす。

大根は端が少しこんがりとするまで焼いて。カレーに香ばしさをプラスするとともに、大根の水分とうまみを閉じこめてジューシーに仕上げます。

ルウで作る、とろみカレースープ

日本独特の「カレーライス」は、もはや和食。
あの味には、市販のカレールウが欠かせません。
ルウに油分があるので、コクは充分です。
具材を水で煮て、ルウを加えればあっという間に完成！

材料を煮るだけ！
カレールウさえあれば無敵です。

鶏じゃがカレー

材料	2〜3人分
鶏もも肉（から揚げ用でも可）	1枚（約350g）
玉ねぎ	1個
じゃがいも	2個
にんにく	1かけ
市販のカレールウ	45g
プレーンヨーグルト（好みで）	大さじ2

作り方

❶ 玉ねぎは縦に薄切りにする。じゃがいもは一口大に切る。にんにくはつぶす。鶏肉は一口大に切って塩、こしょう各少々（分量外）をふる。

❷ 深めのフライパンに①、水600㎖を入れて中火にかける。煮立ったら弱火にして12〜15分、じゃがいもが柔らかくなるまで煮る（アクが気になる場合はすくう）。

❸ 火を止めてカレールウを加え、混ぜる。再び弱火にかかけてとろみがつくまで煮る。好みでヨーグルトを添える。

鶏もも肉1枚を一口大に切るとき、どう切ったらいいか迷うかたは意外と多いのではないでしょうか。写真につけた線のように、肉のつき方、繊維にそって切りましょう。

家にあるものですぐ作れる!
卵は半熟でも、堅めでもおいしいのでお好みで。

卵と黒こしょうのカレー

材料 2人分

卵	2個
しょうがのすりおろし	1かけ分
玉ねぎ	1/2個
市販のカレールウ	45g
ウスターソース(またはしょうゆ)	小さじ1
粗びき黒こしょう	小さじ1/2〜1

作り方

❶ 玉ねぎは縦に薄切りにする。

❷ 深めのフライパンにしょうが、玉ねぎ、水600㎖を入れて中火にかけ、煮立ってから5〜6分煮る。玉ねぎが柔らかくなったら火を止めてカレールウを割り入れて混ぜながら溶かす。

❸ 再び中火にかけ、卵を割り入れて好みの堅さになるまで煮る。味をみてソース、こしょうを加えて混ぜる。器に盛り、好みでさらに粗びき黒こしょう適宜(分量外)をふる。

こしょうは仕上げにたっぷりと加えてスパイシーに。器に盛ってから、もっとふっても。

酢をほんの少し加えると味が締まります。
クリームチーズとパンを添えるのがおすすめ。

ソーセージとキャベツのサワーカレー

材料

材料	2人分
キャベツの葉	3～4枚(約200g)
ウインナソーセージ	6本
市販のカレールウ	45g
酢	大さじ2
クリームチーズ(好みで)	適量

作り方

❶ キャベツは幅4～5㎝のざく切りにする。ソーセージは斜めに2～3等分に切る。

❷ 深めのフライパンにキャベツ、ソーセージ、水500㎖を順に入れてふたをし、中火にかける。煮立ったら弱火にし、キャベツが柔らかくなるまで10～15分煮る。

❸ 火を止めてカレールウを割り入れて混ぜながら溶かす。再び中火にかけ、酢を加えてひと煮立ちさせる。器に盛り、好みでクリームチーズをちぎって散らしながら食べる。

ソーセージはまるごと入れるよりも、切ってから煮ることでだしがよく出ます。

シーフードカレーも気軽に楽しむ

火の通りが早い魚介類は
「時短カレー」にうってつけ。
缶詰や冷凍食品などを使えば
さらに簡単です。
作りたてがおいしいので、
すぐに食べきれる量で作ります。

トマトジュースとさば缶
うまみたっぷり食材を組み合わせて。

さば缶とパクチーのカレースープ

材料	2人分
さばの水煮缶詰(200g入り)	1缶
パクチー	2株
トマトジュース(食塩無添加)	200㎖
しょうがのすりおろし	大1かけ分(約30g)
カレー粉	大さじ1
塩	小さじ2/3
しょうゆ	少々

作り方

❶ 深めのフライパンにトマトジュース、水200㎖、しょうが、あればパクチーの根(よく洗ったもの)の部分を入れて中火にかける。

❷ 煮立ったら缶汁をきったさば、カレー粉、塩を加え、へらでさばをつぶしながら混ぜる。味をみてしょうゆで味をととのえる。器に盛り、ざく切りにしたパクチーをのせる。

便利なさば缶をもっと使おう!

缶詰のなかでも、さば缶は自炊の強い味方。カレーをはじめ、炒めもの、炊き込みご飯などに幅広く使えます。常備しておけば、何もないときに大助かり。私はさば缶の汁にわずかな臭みがあるような気がして、きって使うことがほとんどですが、これは好みの問題です。捨てるのがもったいない、汁のうまみも欲しいというかたは使ってもOK。

タイ料理の「プーパッポンカリー」風。クリーミーで、セロリの香りもアクセントです。

シーフードミックスの卵入りカレー

材料	2人分
冷凍シーフードミックス	150～200g
卵	2個
セロリの茎	1本分
にんにくのみじん切り	1かけ分
牛乳	100㎖
塩	小さじ2/3
カレー粉	大さじ1
サラダ油	大さじ1

作り方

❶ シーフードミックスは冷蔵庫または常温で解凍し、ペーパータオルなどで水けを拭く。卵はボウルに割りほぐす。セロリの茎は斜め薄切りにする。

❷ 深めのフライパンにサラダ油、にんにくを入れて弱火にかける。香りが立ったら中火にしてセロリを加えて炒め、しんなりしたらカレー粉、塩を加える。

❸ 牛乳、水150㎖を加えて煮立たせ、シーフードミックスを加えて3分ほど煮る。火が通ったら味をみて塩少々(分量外)でととのえる。溶き卵を細く回し入れ、浮かんできたら火を止める。

旬の時季は
お安く手に入るかき。
しょうがをきかせて、
味わいを引き立てます。

かきのカレー

材料	2人分
かき(むき身・加熱用)	1パック(10〜12個)
玉ねぎ	1/2個
しょうがのすりおろし	1かけ分
市販のカレールウ	45g
しょうゆ	小さじ1
サラダ油	小さじ2
しょうがのせん切り	適量

作り方

❶ 玉ねぎは横に薄切りにする。

❷ ボウルにかきを入れ、塩適量(分量外)をふってやさしくもみ、流水で洗ってざるに上げる。

❸ 深めのフライパンにサラダ油を熱し、玉ねぎを中火で炒める。しんなりしたらしょうがのすりおろしを加えてさっと炒め、水400㎖を加える。煮立ったら火を止め、カレールウを加えて混ぜながら溶かす。

❹ 再び中火にかけ、②のかきを加え、身がふっくらとするまで煮る。しょうゆを加えて混ぜ、味をととのえる。器に盛り、しょうがのせん切りを添える。

4章

体ポカポカ！おなかも満足のとろみスープ

スープを食べる理由のひとつは、
体を温めること。
汁にとろみがあるとあつあつが長続きし、
食べると体のしんからポカポカしてきます。
さらにいいところは、
おなかにたまるということ。
スープだけでも腹もちがよく、
ご飯との相性もバッチリです。
とろみのつけ方しだいで
そのままでも、ご飯にかけて軽い一食にも、
がっつり食べたいときにも便利な
「とろみスープ」をマスターしましょう。

とろみでスープはさらにおいしくなる

腹もちのよさに加えて、
「具とスープの一体化」もとろみの効果。
ひき肉などの細かい具のスープも、
具材が大きめのスープも、
とろみがうまくまとめてくれます。

トマトと肉のうまみを
とろみで閉じこめます。

ひき肉とトマトのとろみスープ

材 料 2人分

豚ひき肉	150g
トマト（大）	1個
ねぎのみじん切り	1/2本分
にんにく	1かけ
塩	小さじ2/3
こしょう	少々
しょうゆ	小さじ2
片栗粉	大さじ1

作り方

❶ トマトはへたを取ってざく切りにする。にんにくはつぶす。

❷ 鍋にひき肉を入れ、水500mlを少しずつ加えながら箸でほぐす。ねぎ、にんにくを加えて中火にかける。煮立ってアクが出たらすくって火を弱め、トマトを加えて10分ほど煮る。

❸ 塩、こしょう、しょうゆを加え、片栗粉を水大さじ2で溶いて少しずつ加え、とろみをつける※。

※詳しくは、次のページ（P76）を参照。

簡単「ひき肉だし」を活用しよう！

ひき肉は切る必要がなく、少量でおいしいだしに。火にかける前に水でほぐすと、かたまりにならず、だしもよく出ます。煮立てるとアクが出るのでさっとすくって火を弱めましょう。下からきれいなスープが顔をのぞかせます。鶏ひき肉や合いびき肉でも同じ方法でスープがとれます。

水溶き片栗粉で上手にとろみをつける

「とろみがだまになってしまう」という声をよく聞きますが、ポイントを押さえれば必ずうまくいきます。水溶き片栗粉は直前に再度混ぜること、細く回し入れること、加えたあとは混ぜながらしっかり加熱するのがコツです。

❶ 片栗粉を水で溶く

片栗粉と同量の水で溶いてもいいのですが、慣れないうちは1.5～2倍量の水で溶くほうが失敗が少ないでしょう。溶けにくいので、小さめの器に入れて指で溶くのがいちばん。2人分のスープ約500㎖に対して、片栗粉小さじ2くらいで軽めに、大さじ1だとぽってりと強めにとろみがつきます。

片栗粉ってナニ？

じゃがいも由来のでんぷん粉です。昔は「カタクリ」という植物が原料だったのが名前の由来。和食ではとろみづけに「くず粉」を使うこともありますが、家庭では安価で使いやすい片栗粉が最適です。最近は、水で溶かなくてもふり入れるだけでとろみがつく顆粒タイプの片栗粉もあります。

❷ 鍋に細く回し入れる

スープが充分に煮立ったのを確認してから、火を弱めます。水溶き片栗粉はしばらくすると粉が沈むので、加える直前に再度混ぜてから。一気に同じところに流し入れるとだまになるので、細く回し入れます。

❸ 混ぜながら煮る

ゆっくりと混ぜながら、弱火のまま1分ほど加熱すると、加えた直後よりもとろみが徐々に強く、まんべんなくついていくのを感じられると思います。くずれやすい具材の場合はそっと注意深く。

ご飯がすすむ、
ピリ辛のおかずスープ。
とろみのおかげで、
具材が大きめでも
一体感が出ます。

牛肉と小松菜のキムチスープ

材料	2人分
牛こま切れ肉	150g
小松菜	1/2わ
白菜キムチ	80g
しょうゆ	大さじ1
塩	小さじ1/3
こしょう	少々
片栗粉	小さじ2
ごま油	小さじ2

作り方

❶ 小松菜は根元を落とし、長さ3～4㎝に切る。牛肉は食べやすい大きさに切る。

❷ 鍋に水500㎖を入れて中火にかけ、煮立ったら牛肉を1枚ずつ広げて入れる。アクが出たらすくい、小松菜を加えて1～2分煮る。

❸ しょうゆ、塩、こしょう、キムチを加えて味をみる。たりなければ塩少々(分量外)でととのえる。片栗粉を倍量の水で溶いて加え、とろみをつける。ごま油を回しかける。

さっと煮てとろみをつけるだけ。
にんにくバター味がたまりません。

あさりとキャベツの塩バタースープ

材料	2人分
冷凍あさり(むき身)	80g
キャベツ	1/8個
にんにくの薄切り	1かけ分
塩	小さじ1/2
こしょう	少々
片栗粉	小さじ2
バター	少々

作り方

❶ あさりは自然解凍し、水けを拭く。キャベツは食べやすい大きさにちぎる。

❷ 鍋にキャベツを入れてにんにくを散らし、水100㎖を加えてふたをし、弱めの中火にかける。煮立ったら5分蒸し煮にしてふたを開け、あさり、水400㎖を加える。再び煮立ってからさらに5分ほど煮る。

❸ 塩、こしょうをふり、片栗粉を倍量の水で溶いて加え、とろみをつける。器に盛り、バターをのせる。

「スープかけご飯」でサラッと食べる

何品も作る体力や時間がないときに絶好なのがコレです。
さっと作れて、一杯でたんぱく質も野菜もご飯も。
とろみは軽めにつけて、ほどよくご飯とからむようにしつつ
お茶漬け感覚でサラッと食べられるレシピです。

たっぷりのしょうがでパンチが出る！
ご飯がどんどんすすみます。

豚肉と白菜のスープかけご飯

材料	2人分
豚バラ薄切り肉	150g
白菜の葉	3～4枚（約250g）
しょうが	2かけ（約25g）
塩	小さじ1
片栗粉	大さじ1
ごま油	小さじ1
温かいご飯	適量

作り方

❶ 白菜と豚肉は幅2～3cmに切る。しょうがは半量はすりおろし、半量はせん切りにする。

❷ 鍋に白菜を入れ、上に豚肉を広げて並べ、しょうがのすりおろし、水100mℓを加えてふたをし、中火にかける。煮立ったら弱めの中火にし、5分ほど蒸し煮にする。

❸ ふたを取って水500mℓ、塩を加えて煮立て、さらに5分ほど煮る。片栗粉を倍量の水で溶いて加えてとろみをつけ、ごま油、しょうがのせん切りを加えてひと混ぜする。器に盛ったご飯にかける。

おろししょうがは少量ならチューブでもOKですが、多めに使うときはぜひ、風味のよい生しょうがを使ってください。段違いのおいしさです。

鶏だし茶漬け風。
しっとりささ身をのせて
薬味をきかせます。

ささ身とのりの
スープかけご飯

材料	2人分
鶏ささ身	3本
ねぎの青い部分	1本分
鶏ガラスープの素（顆粒）	小さじ1/2
酒	大さじ1
塩	小さじ1/3
片栗粉	小さじ2
温かいご飯	適量
焼きのり（全形）	1/2枚
わさび、三つ葉	各適量

作り方

❶ 鍋に水500㎖、ねぎ、酒を入れて中火にかける。煮立ったら弱火にし、ささ身、塩、鶏ガラスープの素を加えてふたをし、2分ほど煮て火を止める。ふたをしたまま6～7分おく。

❷ ねぎ、ささ身を取り出して鍋を再び中火にかける。片栗粉を倍量の水で溶いて少しずつ加え、とろみをつける。

❸ ささ身の粗熱が取れたら手で裂く。器にご飯を盛り、ささ身をのせる。煮立てた②をかける。のりをちぎって散らし、わさび、ざく切りにした三つ葉を添える。

油揚げとねぎのスープかけご飯

あえてだしを使わずあっさり味を楽しみます。

材料	2人分
油揚げ	2枚
ねぎ	2/3本
酒	大さじ1
塩	小さじ1/2
しょうゆ	小さじ1
片栗粉	小さじ2
温かいご飯	適量
七味唐辛子	少々

作り方

❶ 油揚げは縦半分に切ってから、幅7〜8㎜に切る。ねぎは斜め薄切りにする。

❷ 鍋に水450㎖、酒、塩を入れて煮立て、①を加えて2〜3分煮る。

❸ しょうゆで味をととのえ、片栗粉を倍量の水で溶いて少しずつ加え、とろみをつける。器に盛ったご飯にかけ、七味唐辛子をふる。

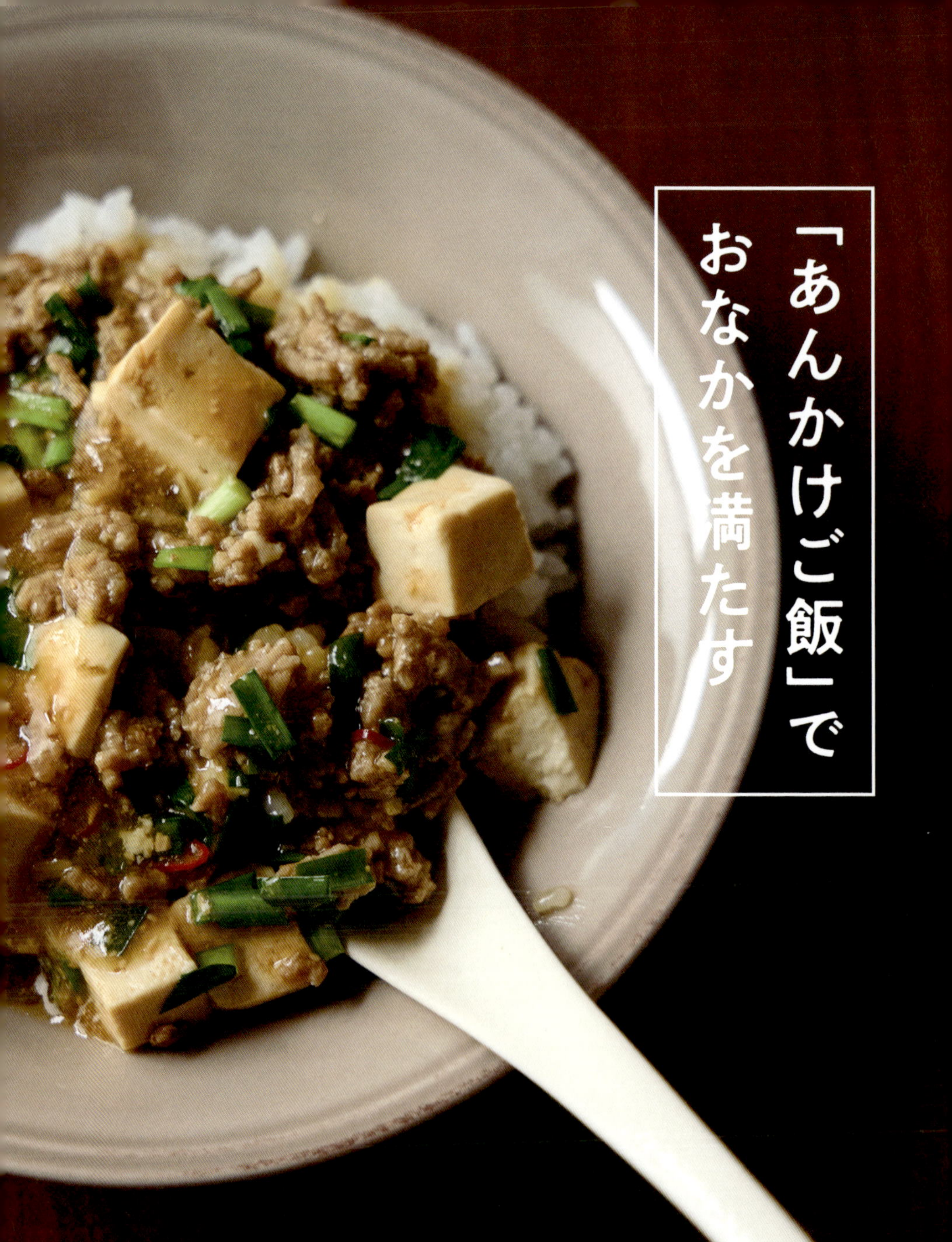

「あんかけご飯」でおなかを満たす

「今日は腹ペコだ！」という日には、
とろみが強めの「あん」をご飯にかけてがっつりめに。
作り方の基本は、とろみスープの水分量を減らすだけです。

まず覚えたい人気メニュー。
豆板醤なし、基本調味料で作れます。

麻婆豆腐のあんかけご飯

材料

材料		2人分
豚ひき肉		150g
豆腐(木綿、絹ごしどちらでも可)		2/3丁(約250g)
にんにくのみじん切り、しょうがのみじん切り		各1かけ分
ニラ		1/3束(約30g)
A	みそ、酒	各大さじ1
A	しょうゆ、砂糖	各小さじ2
サラダ油		小さじ1
赤唐辛子の輪切り		ひとつまみ
片栗粉		大さじ1
ごま油		大さじ1
温かいご飯		適量
ラー油(好みで)		適量

作り方

❶ 豆腐は2㎝の角切りにしてペーパータオルの上に広げ、10分ほどおいて水きりをする。ニラは小口切りにする。Aは混ぜ合わせる。

❷ 深めのフライパンにサラダ油を中火で熱し、ひき肉を広げ入れて焼き色がつくまで焼く。にんにく、しょうがを加えてひき肉をほぐしながら炒め、香りが立ったら合わせたA、赤唐辛子を加えて混ぜながら炒める。

❸ 水300㎖と豆腐を加えて強火にし、煮立ったら3〜4分煮る。片栗粉を倍量の水で溶いて加え、混ぜながら煮てとろみをつけ、ニラを加える。仕上げにごま油を回し入れ、30秒ほどフライパンを回しながら強火で煮立てる。器に盛ったご飯にかける。好みでラー油をふる。

ひき肉はじっくり、こんがりと焼くことで香ばしさやうまみが出ます。薄く広げて、焼き色がつくまで。へらなどでさわりすぎると肉汁が出てしまうので、焼きつけたあとにほぐします。

うまみとコクのある食材を
塩だけのシンプルな味つけで。

えびとアボカドのあんかけご飯

材料	1〜2人分
むきえび	180g
酒	大さじ1
アボカド	1個
コンソメスープの素(顆粒)	小さじ1/4
塩	小さじ1/2
片栗粉	大さじ1
温かいご飯	適量

作り方

❶ えびは背わたを除いてボウルに入れ、塩少々(分量外)でもみ、5分ほどおいてから洗って水けを拭く。アボカドは縦半分に切って種を取り、約1.5cm角に切る。

❷ 鍋に水300㎖、コンソメスープの素を入れて中火にかけ、酒、塩を加える。煮立ったら弱火にし、アボカドを加えて2分ほど煮る。えびを加え、さらに3分ほど煮る。

❸ 片栗粉を倍量の水で溶いて少しずつ加え、とろみをつける。器に盛ったご飯にかける。

食感が楽しくて、肉なしでも大満足。
甘酢っぱいあんがご飯にからみます。

きのこと卵の甘酢あんかけご飯

材料	2人分
好みのきのこ（しめじ、えのきだけなど2〜3種）	合わせて100g
卵	2個
A 砂糖	小さじ2
A 塩	少々
A 酒	大さじ1
A しょうゆ	大さじ2
A 酢	大さじ1〜（好みで増やしても）
ごま油	大さじ1
片栗粉	少々
こしょう	適量
温かいご飯	適量

作り方

❶ しめじは石づきを落とし、ほぐす。えのきは根元を切って長さ3〜4cmに切る。卵はボウルに割り入れて箸で溶きほぐす。

❷ 深めのフライパンにごま油を中火で熱し、①のきのこを入れてしんなりするまで炒める。水300mℓ、Aを加えて煮立てる。

❸ 片栗粉を倍量の水で溶いて加え、とろみをつける。火を強めて煮立て、①の溶き卵を細くたらすようにして回し入れる。卵がふんわりと浮かんだらすぐに火を止める。こしょうをふり、器に盛ったご飯にかける。

5章

パンとスープで、幸せな気持ちになる

「パンとスープ」は、
日本でいう「ご飯とみそ汁」のようなもの。
スープにパンをちぎって入れたり、
逆にパンにスープをかけたり……
食べ方にはさまざまなバリエーションがあって
私たちの暮らしにも
もっと取り入れたい食習慣です。

スープとパンがあれば、
とても幸せな気持ちになりませんか？
パンを加えたスープをはじめ、
クリームスープやシチューに、ポタージュ。
パンに合うスープをいろいろとご紹介します。

パン入りスープで まんぷく、満足

スープの仕上げにパンを加えれば、
一皿で大満足できる食事になります。
食べているうち、
パンにだんだんスープがしみて
味わいの変化も楽しめます。

野菜だけのシンプルスープが
パンと卵でもっとおいしくなる。

玉ねぎと卵の ミネストローネ風

材 料	2人分
卵	2個
玉ねぎ	2個
にんにく	1かけ
トマトジュース（食塩無添加）	200㎖
塩	小さじ2/3
こしょう	少々
オリーブオイル	大さじ3
バゲットの薄切り（トーストしたもの）	適量

作り方

① 玉ねぎは横に幅約8㎜の薄切りにする。にんにくはつぶす。

② 深めのフライパンににんにく、オリーブオイルを入れて弱火で熱し、香りが立ったら玉ねぎ、塩を加えて中火でよく炒める。玉ねぎが透き通ってきたらトマトジュース、水400㎖を加え、煮立ったらふたをして弱火にし、12～15分煮る。塩（分量外）、こしょうで味をととのえる。

③ 卵を割り入れ、ふたをして弱火で3分ほど煮る。半熟になったら火を止めて器に盛り、バゲットを添える。

玉ねぎはさっと炒める程度ではうまみが出ないので、しっかり炒めて。ツンとしたにおいがなくなり、甘い香りがしてきます。見た目も少し透き通った感じになってきたら、炒め終わりです。

角切りバタークルトンが
あっさりチキンスープにぴったり。

鶏肉と青豆のスープ

材料	2人分
鶏もも肉（こま切れでも可）	1/2枚（約150g）
冷凍グリーンピース	小1袋（約150g）
にんにくのみじん切り	1かけ分
塩	小さじ1/2
サラダ油	少々
食パン（8枚切り）	1枚
バター	少々

作り方

1. 鶏肉は小さめの一口大に切る。
2. 鍋にサラダ油、にんにくを入れて弱火で熱し、香りが立ったら水500㎖、鶏肉、グリーンピース、塩を加えて中火にする。煮立ったら再び弱火にして10分ほど煮る。味をみて塩、こしょう（各分量外）でととのえる。
3. 食パンは1.5㎝角に切る。フライパンを弱めの中火で熱してバターを溶かし、パンに軽く焼き色がつくまでころがしながら焼く。②を再度温めて器に盛り、焼いたパンを浮かべる。

デミグラスソース缶を使えば
平日でもささっとシチュー。

にんじんと牛肉のシチュー

材料	2人分
牛薄切り肉(脂のある部位)	200g
にんじん(大)	1本
玉ねぎ	1個
しめじ	1/2パック
にんにくのすりおろし	1かけ分
デミグラスソース缶詰(290g入り)	1缶
塩	小さじ1/2
酒	大さじ1
こしょう	少々
バゲット(一口大・トーストしたもの)	適量

作り方

1. にんじんは幅7〜8㎜の輪切りにする。玉ねぎは横に幅1㎝に切る。しめじは石づきを落としてほぐす。野菜は切った順に鍋に重ね入れ、その上ににんにくをのせる。
2. 水300㎖を加え、ふたをして中火にかけ、15〜20分煮る。
3. 牛肉は食べやすく切り、塩、酒をふってかるくもむ。②に牛肉を広げてのせ、中央にデミグラスソースを加える。再びふたをしてふつふつとしたら弱火にし、さらに10〜15分煮る。
4. ③のにんじんに火が通っていたら全体を混ぜて塩少々(分量外)、こしょうで味をととのえる。器に盛り、バゲットを散らす。

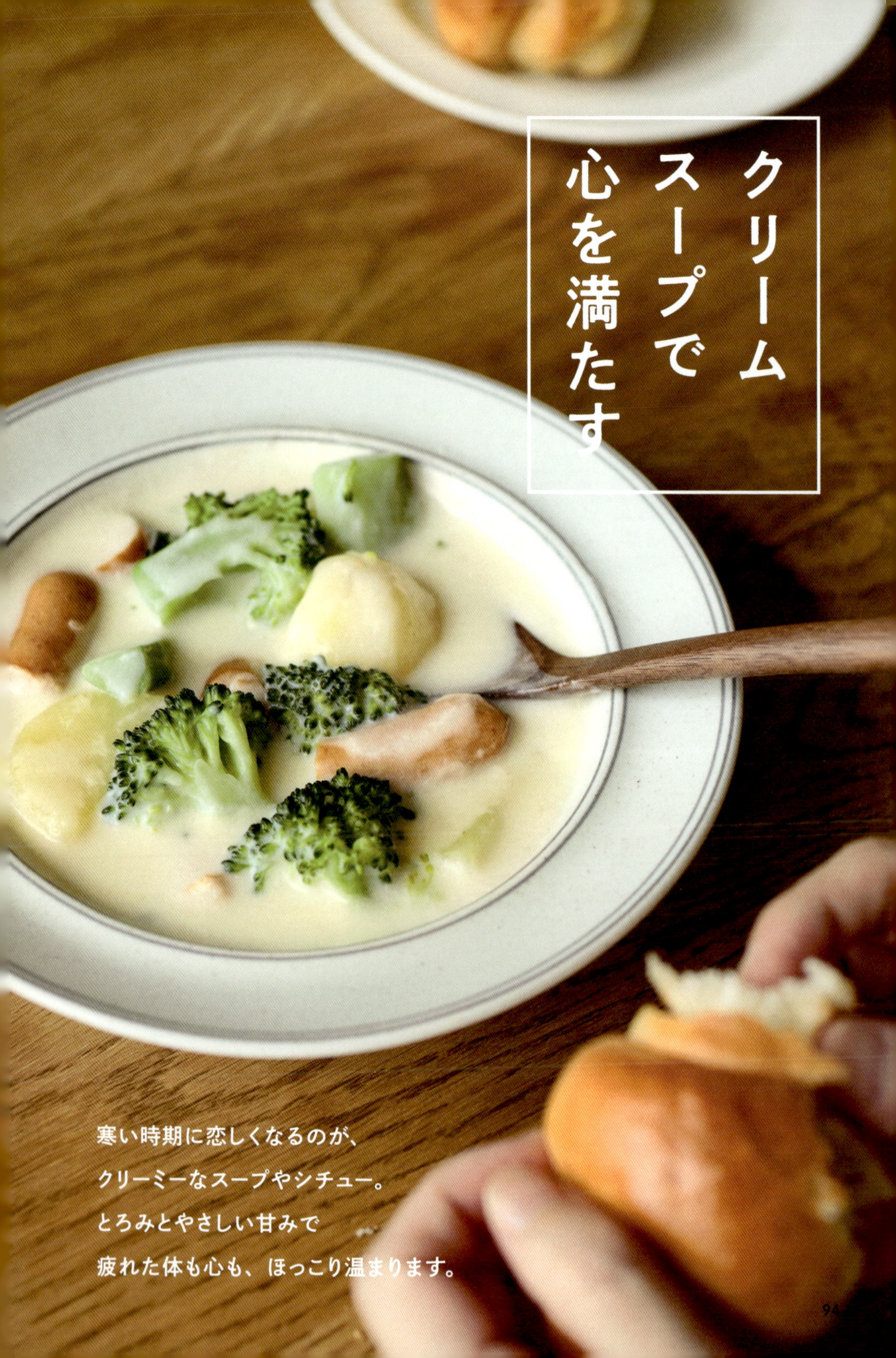

クリームスープで心を満たす

寒い時期に恋しくなるのが、
クリーミーなスープやシチュー。
とろみとやさしい甘みで
疲れた体も心も、ほっこり温まります。

とろりとしたスープにパンをつけて。
ごろごろ具材で食べごたえも◎。

ソーセージとブロッコリーのクリームスープ

材料　2人分

ウインナソーセージ	5本
じゃがいも(中)	1個
ブロッコリー	1/2株(約150g)
小麦粉	20g
バター	20g
牛乳	200㎖
塩	小さじ1/3
こしょう	少々

作り方

① ソーセージは半分にちぎる。ブロッコリーは小房に分ける。茎は皮を厚めにむき、食べやすい大きさに切る。じゃがいもは半分に切ってから幅1㎝に切り、耐熱皿にのせて電子レンジで3分加熱する。

② 鍋にバターを入れて弱めの中火にかけ、溶けたら小麦粉を加えて1分30秒〜2分炒める。火からおろして牛乳を加え、混ぜる。再び弱めの中火にかけ、とろみがつくまで1〜2分、よく混ぜながら加熱する。水300㎖を加えて混ぜる。

※詳しい作り方は、次のページ（P96）を参照のこと。

③ ソーセージ、ブロッコリー、じゃがいもを加え、再び煮立ってから弱火で7〜8分煮る。ブロッコリーが柔らかくなったら塩、こしょうで味をととのえる。

切り口からいいだしが出るソーセージ。手でちぎるとさらに味しみもよくなります。ただし肉汁は流れ出てしまうので、ポトフのように主役の具として食べたいときは、まるごと入れるのがおすすめ。

意外と簡単!

ホワイトソースの作り方

「市販のルウを使わずに手作りするなんてむずかしいんじゃない?」と思っている人も少なくないはず。いいえ、ホワイトソースは5分もあれば作れます! そして、ここでご紹介するのは「絶対に失敗しない」と自信を持って言えるレシピ。そのままでグラタンやドリアのソースに、水や牛乳でのばせばスープやシチューになります。

ここでは、小麦粉20g(約大さじ2)、バター20g(約大さじ2)、牛乳200mℓ(1カップ)で作ります。覚えやすい配合なので慣れてきたら目分量でもOKですが、まずはきちんと計量しましょう。

① バターに小麦粉を加える

鍋にバターを入れ、弱めの中火にかけて溶かします。焦がさないために、強火はNG。バターがほんの少し溶け残っているくらいで小麦粉を加え、すぐに耐熱のゴムべらなどで混ぜて。

② へらで混ぜながら炒める

へらをたえず動かしつづけます。一度モロッとしますが、再びなじむから大丈夫。1分30秒～2分弱炒めるとうっすら色づいていい香りがしてきます。のんびりしているとすぐ茶色くなってしまうので、すかさず火からおろします。

③ 火からおろしたら牛乳を加える

冷たい牛乳を一気に加えて混ぜます（この時点で完全になめらかにならなくてもOK）。少量なら、この方法が失敗しにくくおすすめです。

④ 再び火にかけて混ぜる

鍋を再び弱めの中火にかけ、たえずゴムべらで混ぜます。はじめは分離したような状態でも、混ぜるとなめらかになってきます。とろみが出てきたら鍋底からこそげるように混ぜましょう。焦げそうになったら火を弱めてください。

鶏肉とかぶの豆乳シチュー

豆乳のやさしい風味に
柚子こしょうを
ピリッときかせて。

材料	2人分
鶏胸肉	1枚(約250g)
かぶ	2個
小麦粉	20g
バター	20g
豆乳(成分無調整)	200mℓ
塩	小さじ1/3
柚子こしょう	小さじ1

作り方

① 鶏肉は一口大のそぎ切りにして塩少々(分量外)をふる。かぶの身は縦6等分に切る。かぶの葉は2～3本分を長さ3～4㎝に切る。

② 鍋にバターを入れて弱めの中火にかけ、溶けたら小麦粉を加えて1分30秒～2分炒める。うっすらと色づいたら一度火からおろして冷たい豆乳を一気に加えて混ぜ、再び弱めの中火にかけ、とろみがつくまで混ぜながら加熱する(P96参照)。

③ 水300mℓを加えて混ぜ、煮立ったら塩、かぶの身を加えてさらに弱火で5分ほど煮る。

④ 鶏肉、かぶの葉を加え、混ぜながらさらに3～4分煮る。柚子こしょうをスープ少々で溶いて加え、ひと混ぜする。

冷凍シーフードで
スピーディーにできる
手軽なミルクスープ。

きのことシーフードミックスのチャウダー

材料	2人分
冷凍シーフードミックス	150g
好みのきのこ（マッシュルーム、しめじなど1〜2種）	合わせて80〜100g
ねぎのみじん切り	1/2本分
牛乳	200mℓ
塩	小さじ1/2
こしょう	少々
小麦粉	大さじ1と1/2
バター（サラダ油でも可）	10g

作り方

① シーフードミックスは自然解凍し、ペーパータオルで水けを拭く。マッシュルームは薄切りにする。しめじは石づきを落としてほぐす。

② 鍋にバター、ねぎを入れて中火にかけ、ねぎがしんなりするまで炒める。①のきのこ、水大さじ1〜2を加え、弱めの中火にし、ふたをして2分ほど蒸し煮にする。小麦粉をふり入れ、粉けがなくなるまで炒める。

③ 水300mℓ、塩を加えて煮立て、シーフードミックス、牛乳を加える。再び煮立ったら弱火にし、3分ほど煮る。

④ 味をみて塩、こしょう各少々（分量外）で味をととのえる。器に盛り、こしょうをふる。

パンとポタージュは、やっぱり最高

ポタージュは、野菜の魅力を
めいっぱい味わえるスープ。
言うまでもなく、パンにはぴったりです。
野菜を蒸したり煮たりして
ブレンダーにかけるだけだから
簡単・時短。
切り方が多少不ぞろいでも
気にしなくていいんです。

まずはブレンダーなしで作れるポタージュを。
食感が残っておいしいんです。

かぼちゃのポタージュ

材料	2人分
かぼちゃ	1/4個(約400g)
バター	30g
塩	小さじ1/3
はちみつ(または砂糖)	少々

作り方

1. かぼちゃは種とわたを除き、ふんわりとラップをかけて電子レンジで2分加熱する。粗熱が取れたら4等分に切り、皮を除いてから薄切りにする。
2. 厚手の鍋にかぼちゃ、水100mlを入れてふたをし、弱めの中火にかけて10分ほど蒸し煮にする(途中、様子をみて水分が減っていたら水適量をたして火を弱める)。バター、塩を加え、混ぜながら残っている水分をとばす。
3. 一度火を止め、へらなどでかぼちゃをつぶす(少し粒が残るくらいでもよい)。水50〜100mlを少しずつ加えて好みのとろみかげんに調節し、味をみて甘みがたりなければはちみつを加えて混ぜる。

生のままだと堅くて切りづらいので、レンチンしてから。平らな面を下にして安定させ、そぎ落とすように皮を除きます。少し皮が残っていてもOK。

春先の新玉ねぎで作ると
軽やかな甘さのスープに。

新玉ねぎのポタージュ

材料	2人分
新玉ねぎ※	2個(約400g)
牛乳	100㎖
塩	小さじ2/3
バター	20g
バゲットの薄切り(トーストしたもの)	適量

※普通の玉ねぎでもOK。

作り方

1. 玉ねぎは2〜3㎝角に切る。
2. 鍋に玉ねぎ、バター、塩を入れてかるく混ぜる。水50㎖を加えてふたをし、弱めの中火にかける。ふつふつとしてから10分ほど蒸し煮にする(途中、様子をみて水分が減っていたら水適量をたして火を弱める)。
3. 火を止め、牛乳を加える。ハンドブレンダーでなめらかになるまで撹拌する※。再び弱火にかけて混ぜながら温め、味をみて牛乳、塩各少々(分量外)で好みの味にととのえる。器に盛り、バゲットを添える。

※または粗熱を取ってからミキサーで撹拌し、鍋に戻し入れる。

スペインの冷たいスープを
あつあつバージョンで。

ホットガスパチョ

材料	2人分
ピーマン	1個
玉ねぎ	1/8個
バゲットの薄切り	2切れ（約20g・または食パン8枚切り1/2枚）
トマトジュース（食塩無添加）	200㎖
にんにくのすりおろし	少々
塩	小さじ1/2
酢	小さじ1
オリーブオイル	大さじ1/2

作り方

① 鍋にトマトジュース、水200㎖を入れ、ちぎったバゲットを浸しておく。

② 玉ねぎは1〜2㎝角に切る。ピーマンはへたと種を除き、飾り用に2〜3切れ輪切りにし、残りは1〜2㎝角に切って、①の鍋に加える。にんにくを加えて中火にかけ、煮立ってから10分ほど煮る。

③ 火を止めて塩、酢、オリーブオイルを加え、ハンドブレンダーでなめらかになるまで撹拌する（またはミキサー、P102参照）。再び中火にかけて混ぜながら温め、器に盛る。ピーマンの輪切りを浮かべる。

ミキサーとハンドブレンダーについて

ポタージュを作るときに必要なのがミキサーまたはハンドブレンダー。どちらも、食材を撹拌してなめらかにすりつぶすもの。詳しく比べてみましょう。

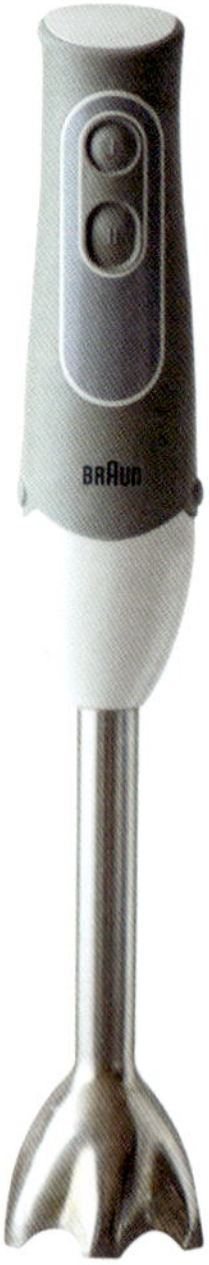

ハンドブレンダーのいいところ

なんといっても手軽さ。鍋やボウルに直接入れて撹拌できるのが魅力です。多くの商品では、汚れた部分だけを取りはずして洗えます。本体はふきんなどで拭いて片づければOK。

ミキサーのいいところ

4人分以上を作るときは、置き型のミキサーがおすすめです。刃が大きく、ハイパワー。しっかりむらなく撹拌できるので、よりなめらかなポタージュに仕上がります。鍋から移して使用します。

2～3人分なら、ハンドブレンダーがおすすめ！

2～3人分までなら、手軽なハンドブレンダー。お手入れしやすく、置き場所も選ばないので、単身者にもぴったりです。まずは、シンプルな単機能のものがおすすめ。多機能でも結局、使わないということも多いものです。

スープに合う「クルトン」いろいろ

クルトンとは、パンを乾燥させて、カリッと揚げたもの。イチから作るのは大変ですが、食パンやバゲットでクルトン風のトッピングを作るのはとっても簡単です。

フライパンで作る
バタークルトン

食パンを角切りまたは細長くスティック状に切ります。バターを熱したフライパンでじっくりと焼きます。強火だとすぐに焦げてしまうので、弱火で、箸などでひっくり返しながら、全面に焼き色がついてカリッとするまで。

ガーリックトースト＆
チーズトースト

バターまたはオリーブオイルを塗った薄切りバゲットに粉チーズやにんにくをのせてトースト。スープに入れるとこくや風味がついておいしい。にんにくはすりおろすかみじん切りにして、小指の先ほどの量をのせます。

レーズントーストクルトン

食パンを切ってトースターで焼くだけでも、ちゃんとクルトン風になり、あるとないとでは大違い。ぶどうパンやナッツ入りのパンなども、風味がプラスされて洋風スープにはよく合います。砂糖をまぶしたパンなどは焦げやすいのでNG。

6章

豚汁の具は野菜1つでもなんとかなる

豚汁の魅力については、
もう語る必要はないでしょう。
みんなが大好きな豚汁ですが、
仕事終わりの平日に作るには
手間がかかる印象があるかもしれません。
でも、豚汁はもっと気軽に、自由に楽しめる料理。
みそ汁に豚肉と、野菜が1つでも入れば
それはもう豚汁です。

大事なことは、具がごろごろしていて、
肉と野菜にみその味がしっかりしみていること。
また、豚肉の脂とうまみがあるから
豚汁にだしは不要、というのが私の持論です。
豚汁にご飯やおにぎりがあれば、
栄養も、おなかの満足度もパーフェクト！

野菜1つで
エブリデイ豚汁！

豚肉+野菜 1 種類でも、
おいしい豚汁ができると断言できます。
野菜1つなら、みそ汁感覚で
小さめの鍋やフライパンでささっと
毎日でも作れるような気がしませんか?

豚肉の脂をまとったかぶがおいしい！
葉も活用して

かぶの豚汁

材料	2人分
豚バラ薄切り肉	100g
かぶ	3個(大きければ2個)
みそ	大さじ2と1/2

作り方

❶ かぶは葉を落とし、皮つきのまま縦4～6等分に切る。葉は適量(約1個分)を長さ4㎝に切る。豚肉は幅4～5㎝に切る。

❷ 鍋にかぶの身、豚肉、水600㎖、みそ大さじ1を入れて中火にかける。煮立ったら弱火にし、ふたを少しずらしてかけ、かぶが柔らかくなるまで10～12分煮る。

❸ かぶの葉を加えてさっと煮て、残りのみそを溶き入れてひと煮立ちさせる。

かぶのいいところは、すぐに火が通って柔らかくなること。また、葉があるので青菜などをたさなくても身との食感と味わいの違いを楽しめることです。

みそを2段階で加えるのがコツ！

豚汁の具(特に根菜類)には、みその味がしっかりしみているのがおいしさのポイント。みそ汁はみその風味がとばないよう、仕上げに加えますが、豚汁ではみその約半量を先に加えて煮て具に下味をつけ、仕上げに残りのみそを加えて。これで、風味豊かでありながら、味がしっかりなじんだ豚汁になります。

れんこんのごま豚汁

シャキシャキれんこんが豚肉のコクにぴったり。
ごまをたっぷりふりかけます。

材料	2人分
豚バラ薄切り肉	100g
れんこん	100g
みそ	大さじ2と1/2
みりん	大さじ1
ごま油	小さじ1
白すりごま	大さじ1
七味唐辛子	少々

作り方

❶ れんこんは皮つきのまま幅5㎜の輪切り(大きければ半月切り)にする。豚肉は幅3～4㎝に切る。

❷ 深めのフライパンにごま油を熱し、れんこんを中火で1～2分炒める。豚肉を加えてさっと炒める。水500㎖を加えてみその半量、みりんを加えて煮立て、れんこんに火が通るまで12～15分煮る。

❸ 残りのみそを溶き入れ、ひと煮立ちさせる。器に盛り、すりごま、七味唐辛子をふる。

豚肉を巻くだけで
食べごたえがグッとアップする！

えのきのくるくる梅豚汁

材料	2人分
豚バラ薄切り肉	150g
えのきだけ	1/2袋
梅干し	1個
みそ	大さじ2

豚肉は何も入れずに、くるくる巻くだけ。かみごたえとボリューム感が出ます。

作り方

❶ えのきは根元を落とし、長さ2〜3㎝に切る。梅干しは種を取り、小さめにちぎる。豚肉を広げて、端から巻く。

❷ 鍋にえのきを入れ、その上に①の豚肉の巻き終わりを下にして並べる。水100㎖を加えてふたをし、弱めの中火にかけて3分ほど蒸し煮にする。

❸ 水400㎖を加えて煮立て、さらに3〜4分煮る。みそを溶き入れ、ちぎった梅干しを加えてひと煮立ちさせる。

豚肉＋具2つで無限に広がる豚汁の楽しみ

野菜2種類、もしくは野菜ともう１つ。
豚肉プラス具２つになると、
バリエーションは無限大。
ここで紹介する組み合わせ以外にも
ぜひいろいろと試してみてください。

定番具材の大根に
食感が楽しいしらたきを。

大根と結びしらたきの豚汁

材料	2人分
豚バラ薄切り肉	100g
大根	8cm（約300g）
結びしらたき（アク抜きずみ）	100g
サラダ油	小さじ1
みそ	大さじ2と1/2
七味唐辛子	少々

作り方

❶ 大根は幅1cmのいちょう切りにする。豚肉は幅3～4cmに切る。

❷ 深めのフライパンにサラダ油を熱し、大根を中火で3分ほど炒める。水600㎖を加え、煮立ったら豚肉、結びしらたき、みそ大さじ1を加え、弱火にして大根が柔らかくなるまで12～15分煮る。

❸ 残りのみそを溶き入れてひと煮立ちさせる。器に盛り、七味唐辛子をふる。

みそ加えてから煮ると、しらたきにも大根にもしっかりとみその味がしみます。

こんがり焼くことで
玉ねぎの甘みを引き出して。

しいたけと焼き玉ねぎの豚汁

材料	2人分
豚バラ薄切り肉	100g
玉ねぎ	1/2個
生しいたけ	3個
サラダ油	小さじ1〜2
みそ	大さじ2と1/2

作り方

❶ 玉ねぎは4〜6つのくし形切りにする。しいたけは軸を落として幅1cmに切る。豚肉は幅3〜4cmに切る。

❷ 深めのフライパンにサラダ油を熱し、玉ねぎを並べ入れて中火で焼き色がつくまで焼く。水600mℓ、豚肉、しいたけを加えてふたをし、煮立ったら弱火にして7〜8分煮る。

❸ みそを溶き入れ、ひと煮立ちさせて器に盛る。

ちょっとだけ中華風。
炒めずに蒸し煮にするだけだから簡単。

ピーマンともやしのピリ辛豚汁

材料	2人分
豚バラ薄切り肉	100g
ピーマン	1個
もやし	1/2袋
鶏ガラスープの素（顆粒）	小さじ1/3
みそ	大さじ2
ラー油	少々

作り方

❶ ピーマンは縦半分に切り、へたと種を取って横に細切りにする。豚肉は幅3〜4㎝に切る。

❷ 鍋にもやし、ピーマン、豚肉の順に重ね、水100㎖を加えてふたをし、弱めの中火にかける。ふつふつとしたら3〜4分蒸し煮にする。

❸ ふたを開け、肉の色が変わっていたら水400㎖、鶏ガラスープの素を加える。再び煮立ったらみそを溶き入れる。ひと煮立ちさせて器に盛り、ラー油をふる。

カレーの定番野菜2つで。
みそ×カレー粉は、実は相性バッチリ。

玉ねぎとじゃがいもの
カレー豚汁

材 料 2人分

豚バラ薄切り肉	150g
玉ねぎ	1/2個
じゃがいも	2個
みそ	大さじ2と1/2
カレー粉	小さじ1〜 （好みで増やしてもOK）

作り方

❶ 玉ねぎは4〜6つのくし形切りにする。じゃがいもは4〜6等分に切る。豚肉は幅3〜4cmに切る。

❷ 鍋にじゃがいも、玉ねぎ、豚肉、みそ大さじ1を入れ、水600㎖を加えて中火にかける。煮立ったら弱火にし、じゃがいもが柔らかくなるまで15分ほど煮る。残りのみそを溶き入れ、カレー粉を加えてひと煮立ちさせる。

「冷凍豚肉」でいつでも豚汁

**薄切りの豚肉を安いときにまとめ買いしたら、
使いやすい量を小分け冷凍するのがおすすめです。
解凍しなくていい「冷凍豚肉」があれば、思い立ったときにすぐ作れて
豚汁にも、炒めものにも、いろいろな料理に重宝します。**

「冷凍豚肉」の作り方と使い方

❶ラップを広げ、中央に使いやすい量の豚薄切り肉を少しずつずらしてのせる〔ⓐ〕。

❷ 空気を抜きながらぴったりと、平たくなるようにラップで包む。

❸ バットなどにのせて〔ⓑ〕、平たい形のまま冷凍する（凍って固まったらバットから保存袋に移す）。

❹ 使うときは常温に5分ほど置いて半解凍し、ラップをはずして好みの長さに切る。豚汁なら、鍋にそのまま加えてほぐせばOK。

※消費期限まで余裕がある肉で作り、一度解凍したらその日のうちに使いきってください。

豚肉の部位について

脂があるバラや肩ロースで作るとコクが出るのでおすすめです。こま切れ肉の場合も、できるだけ脂身があるものを選んでください。脂身が苦手というかたはロースなどでもOK。ただし、その場合はものたりなくなるので、水ではなくだし汁で煮るのがいいでしょう。

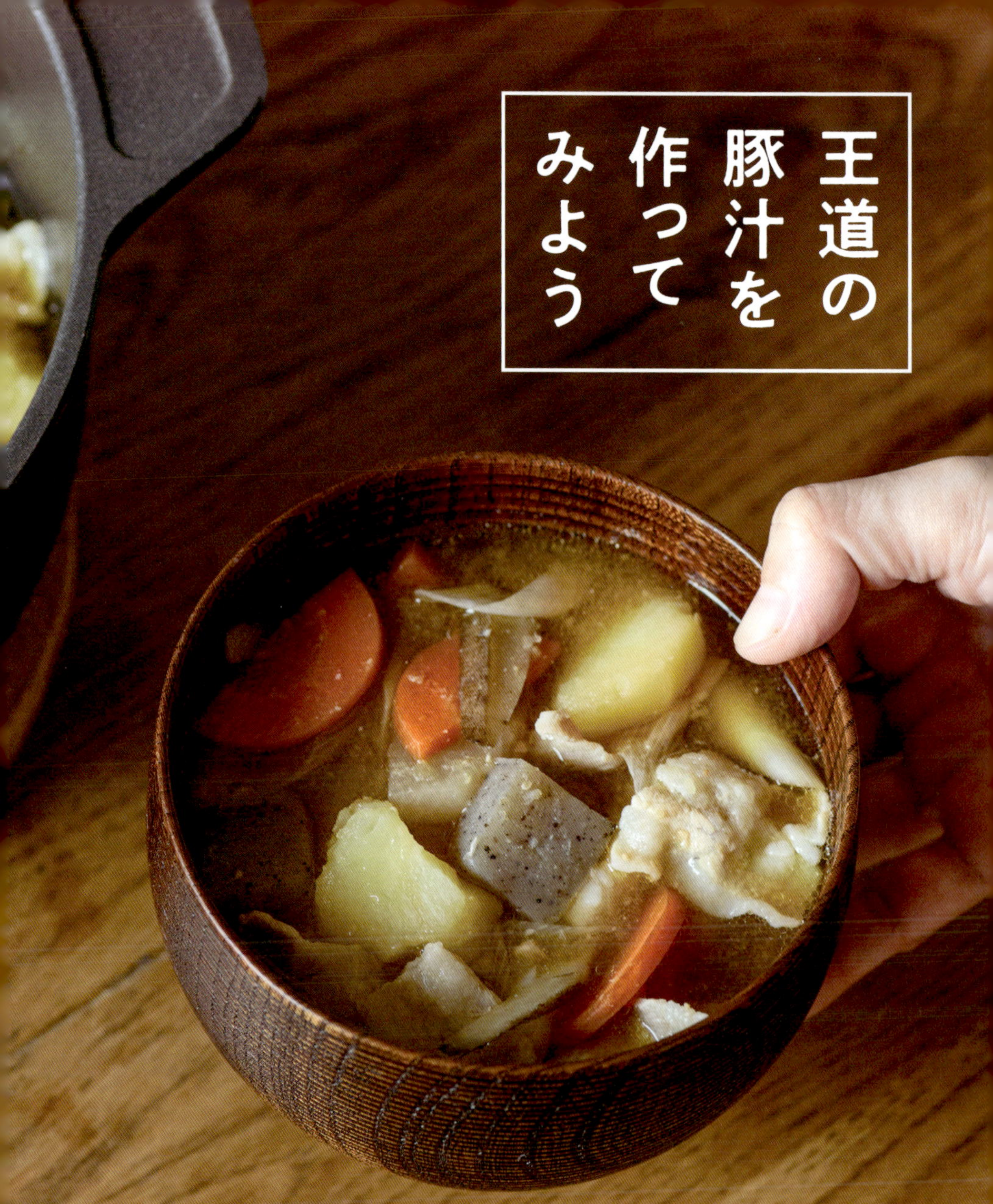

王道の豚汁を作ってみよう

手軽に作れる豚汁をご紹介してきましたが、
定番の具だくさん豚汁はやっぱりおいしい。
具の種類が多くなるだけで、
ちっともむずかしいことはありません。

THE・豚汁

材料　3〜4人分

豚バラ薄切り肉	100g	こんにゃく（アク抜きずみ）	1/2枚（100g）
大根	6cm（約250g）	ねぎ	1/2本
にんじん	1/2本	ごま油	小さじ2
ごぼう	1/3本	みそ	大さじ4 ※みその塩分による
じゃがいも	1個		

作り方

❶ 野菜と豚肉を切る

大根はいちょう切り、にんじんは縦半分に切ってから半月切りにする。じゃがいもは半分に切ってから幅1〜2cmに切る。ねぎは斜め薄切りにする。ごぼうはささがきにする。こんにゃくは厚さ5mm、2cm角に切る。豚肉は幅3〜4cmに切る。

ごぼうのささがきは刃を外側に向けてシュッシュッと鉛筆を削るように。少しずつ皮を残すのがポイント。

❷ 野菜とこんにゃくを炒める

鍋にごま油を熱し、大根、にんじん、ごぼうを中火で炒める。先に少量の油で炒めると、野菜のえぐみが取れて、甘みとうまみを引き出すことができる。大根が透き通ってきたら、こんにゃくを加えてさっと炒める。

❸ 豚肉と水を加える

豚肉、じゃがいも、水800㎖を加える。炒める必要がない具材をここで加えます。豚肉は炒めないほうがジューシーに仕上がります。

④ みそを加えて煮る

煮立ったら弱火にし、みそ大さじ2を加えて20～25分煮る。ここでもみそは2段階で加えます。先に加えるみそは具材にしっかりとみその味をしみ込ませるため。

⑤ ねぎ、残りのみそを加える

ねぎを加えてさっと煮て、残りのみそを溶き入れる。仕上げのみそは、味をたすとともにみその香りや風味を残すため。ひと煮立ちさせたら器に盛る。

※さまして鍋ごとまたは保存容器に入れ、冷蔵で約3日保存可能

豚汁に通ずる雰囲気の汁もの。
肉といもの組み合わせは最強です。

いも煮

材料	3～4人分
牛薄切り肉（こま切れでも可）	200g
里いも（小・冷凍でも可）	8～10個
ねぎ	1本
こんにゃく（アク抜きずみ）	1枚（約250g）
だし汁	700mℓ
酒	100mℓ
砂糖	大さじ1
しょうゆ	大さじ1と1/2
塩	小さじ2/3

作り方

❶ 里いもは洗って耐熱皿にのせ、ラップをふんわりとかけて、電子レンジで7～8分加熱する。粗熱が取れたら皮をむいて半分に切る。ねぎ（青い部分も）は斜め薄切り、こんにゃくは小さめの一口大に切る。

❷ 鍋に里いも、こんにゃく、だし汁、酒を入れて中火にかける。煮立ったら弱火にし、里いもが柔らかくなるまで20分ほど煮る。

❸ 牛肉を広げながら加え、ねぎも加えてさっと煮る。砂糖、しょうゆ、塩で調味する。

※さまして鍋ごとまたは保存容器に入れ、冷蔵で約3日保存可能

下ゆでを兼ねて電子レンジで加熱すると、手でつるんと皮がむけます。生のまま包丁でむくよりも断然ラク。

7章

休日に作りたいごちそうスープ

いつもは簡単、時短料理を
選びがちでも、
ゆっくり過ごしたい休日や、友人を招くときは
もうちょっとだけ時間をかけてみませんか。
あこがれだった料理がうまく作れたら
「腕が上がった！」とうれしくなります。
コトコト煮込んでいる間、
ときどき鍋の様子をみながら本を読んだり、
音楽を聴いたりするのも楽しいもの。

豚のかたまり肉、ハンバーグや肉だんごに、
うまみたっぷりのチキンスープ。
一品でごちそうになるメニューです。
時間はかかりますが、
手間はそれほどでもありません。

かたまり肉で「塩豚」を作ってみる

ポトフを作りながら、
いろいろな料理にアレンジできる
「塩豚」を覚えましょう。
といっても、豚肉に塩とこしょうをまぶして
ねかせるだけだから簡単です。

肉はほろっと柔らかく、野菜は甘い！
うまみたっぷりスープもごちそう。

塩豚とキャベツのポトフ

材 料 3～4人分

塩豚	豚肩ロースかたまり肉	400～500g
塩豚	粗塩	小さじ2（約10g）
塩豚	粗びき黒こしょう	小さじ1/4
	キャベツ	1/4個
	にんじん	1本
	にんにく	1かけ
	野菜くず（あれば・ねぎ、玉ねぎの切れ端など）	少々
	塩、こしょう	各適量
	粒マスタード（好みで）	適量

作り方

❶ 塩豚を作る（前日までに）

豚肉に塩、こしょうをすり込む。肉の重量の約2％が塩の量の目安。こしょうは表面にたっぷりとまぶす〔ⓐ〕。水けが出てくるのでペーパータオルで包み〔ⓑ〕、ポリ袋に入れるかラップで包んで冷蔵庫（あればチルド室）に入れ、1日以上おく。3～4日保存可能。

塩をまぶしてねかせると、余分な水分と臭みが抜けて味がしまり、肉質が柔らかくなります。おすすめの部位は肩ロース。バラだと脂が多すぎて、ロースやももは肉がパサついてしまいます。ネットで包まれていないものはたこ糸で縛ってもいいし、なくても可。煮くずれを防ぎ、形よく仕上げるためのものです。

1日ねかせた塩豚。水分が抜け、肉の赤みが少し増しています。

❷ 豚肉とにんじんを煮る

口径約20㎝の深鍋に豚肉を入れ、1〜1.2ℓの水を加えて中火にかける。煮立ったら弱火にし、縦半分に切ったにんじん、にんにく、野菜くずを加えて、45分ほど煮る。ふたはせず、煮汁が減ったらひたひたになるまで水適量をたす（煮上がったら、野菜くずは取り出す）。

でき上がり！

③ キャベツを加えてさらに煮る

キャベツを縦横半分に切り、ばらけないようにつまようじで留める。鍋に加え、さらに30分煮る（途中、様子をみて水適宜をたす）。味をみて、塩、こしょうで味をととのえる。豚肉を取り出して食べやすい厚さに切り、スープ、キャベツ、にんじんとともに器に盛る。好みでマスタードを添える。

※さまして保存容器に入れ、冷蔵で約3日保存可能

「塩豚」はアレンジ自在！

煮上がった塩豚はスライスしてサンドイッチやラーメン、刻んでチャーハンの具にするなど、いろいろな料理にアレンジできます。スープも麺類のだし汁として使えばとってもおいしい一杯になりますよ。

くずれたトマトがスープに溶けて、
ほどよい酸味とうまみが加わります。

塩豚とまるごとトマトのスープ

材料

3〜4人分

塩豚	豚肩ロースかたまり肉	400〜500g
	粗塩	小さじ2（約10g）
	粗びき黒こしょう	小さじ1/4
にんにく		1かけ
野菜くず（あれば・ねぎ、玉ねぎの切れ端など）		適量
トマト		2個
塩、こしょう		各適量

作り方

❶ P127の作り方①と同様に塩豚を作る。

❷ 口径約20cmの深鍋に塩豚を入れ、水1〜1.2ℓを加えて中火にかける。煮立ってアクが出たらすくい、弱火にする。にんにく、野菜くずを加えて45分ほど煮る（途中、煮汁が少なくなったら水適宜をたす。）。

❸ トマトのへたをくりぬいて加え、20分ほど煮る。スープの味をみて、塩、こしょうで味をととのえる。トマトをそっと器に盛り、皮をむく。豚肉を食べやすい厚さに切って盛り、スープをかける。トマトをくずしながら食べる。

※さまして保存容器に入れ、冷蔵で約3日保存可能

トマトは煮たあと、器の上で皮をむいて。くずれやすいのでやさしく扱ってください。熱いのでやけどに注意！

肉だんごマスターになろう！

安くて使いやすいひき肉。でも肉だんごやハンバーグとなると、
工程が多い、手が汚れるからと、しり込みしちゃう？
ちょっと時間があるときにこそ、一度作ってみれば
「こんなに簡単だったんだ！」と目からうろこが落ちるはず。

火の通りを気にしなくていい
煮込みタイプから挑戦してみよう。

ハンバーグシチュー

材料 2人分

ハンバーグ	合いびき肉	300g
ハンバーグ	玉ねぎのみじん切り	1/4個分
ハンバーグ	食パン（6枚切り）	1/2枚
ハンバーグ	塩	小さじ1/3
ハンバーグ	こしょう	少々

しめじ、まいたけ	各1/2パック（各50g）
デミグラスソース	1/2缶（約150g）
塩、こしょう	各少々
サラダ油	小さじ1
バター	10g

作り方は次のページから

ふっくらさせるための材料
（ちぎった）食パン、パン粉、卵、
山いも、豆腐、水分（酒、牛乳）など

肉だんごの構造を知ろう

極端にいえばひき肉と塩だけでも肉だんごは作れます。その他の材料には食感や味わいをよくするための役割があります。これを知っておくと、グッとわかりやすくなります。レシピどおりの材料がなくても、代わりのものを考えられますよね。

肉の臭み消しや
香りづけのための材料
玉ねぎ、ねぎ、しょうが、
にんにく、スパイスなど

作り方

❶ ハンバーグのたねを作る

食パンは細かくちぎって水大さじ２に浸しておく。ボウルにひき肉、塩、こしょうを入れてよく練る。粘りが出たら玉ねぎ、パンを加えてよく混ぜる。

❷ 成形する

２等分して小判形など好みの形に成形する。手に水やサラダ油（分量外）をつけてなでるようにすると表面がつるりとして割れにくくなります。

③ ハンバーグを焼く

深めのフライパンにサラダ油を熱し、②のたねを並べて中火で焼く。焼き色がついたら返し、余分な油をペーパータオルで拭く(かるく押さえるように)。ハンバーグを端に寄せ、あいたところにバター、石づきを落としてほぐしたしめじ、まいたけを加え、しんなりするまで炒める。

④ ソースを加えて煮る

水300㎖、デミグラスソースを加える。弱火にし、ときどきハンバーグにソースをかけながら、ソースの量が2/3ほどになるまで10分ほど煮る。味をみて、塩、こしょうでととのえる。

ひき肉の種類を替えて
あっさり中華風スープに。

鶏だんごとチンゲンサイのスープ

材料 2人分

鶏だんご	鶏ひき肉	200g
	しょうがのすりおろし	少々
	酒	大さじ1
	塩	小さじ1/3
チンゲンサイ		1株
エリンギ		1本
塩		小さじ1/3

作り方

1 鶏だんごを作る。ボウルに鶏ひき肉、塩を入れて混ぜ、粘りが出たら酒、しょうがを加えてさらに混ぜる。

2 チンゲンサイ、エリンギは食べやすい大きさに切る。

3 鍋に水600㎖を入れて中火にかけ、煮立ったら①の鶏だんごをスプーンですくって加える。エリンギも加え、7～8分煮る。

4 チンゲンサイを加え、塩で調味してさらに3～4分煮る。

スプーン2本を使って成形し、鍋に落とすと手が汚れません。

プロの味「チキンスープ」に挑戦

いわゆる「鶏ガラスープ」は鶏の骨を煮出してだしをとります。
ここではもっと身近な部位を使って
肉もおいしく食べられるチキンスープをご紹介。
少し長めに煮るだけで、お店の味わいに近づきます。

塩豚と同じく、鶏肉に塩をしてうまみを凝縮。
シンプルだからこそのおいしさがあります。

塩鶏と玉ねぎ、じゃがいものスープ

材 料	2人分
鶏もも肉	1枚（約350g）
玉ねぎ	2個
じゃがいも	1個
にんにく	1かけ
ローリエ（あれば）	1枚
粗塩	小さじ1と1/3

作り方

1 塩鶏を作る（前日または当日の朝に）

鶏肉に塩をすり込み、ペーパータオルで包んでポリ袋などに入れ、冷蔵庫に半日～1日置く。

2 鶏肉を湯通しする

鶏肉をボウルに入れ、熱湯を注ぐ。表面の色が変わったらＯＫ。取り出してさっと水洗いし、水けを拭く。この湯通しを行うことで、鶏肉の臭みが抜ける。

※鶏肉を洗う際は水が周りに飛び散らないようにご注意ください。作業後は手だけでなく、使ったボウルやシンク内を洗剤で充分に洗ってください。

③ 鍋に具を入れ、水を注ぐ

玉ねぎ、じゃがいもは、ともに縦半分に切る。②の鶏肉は半分に切って鍋に入れる。玉ねぎ、じゃがいも、にんにく、ローリエを加え、水700㎖を注ぐ。

④ 40分ほど煮る

中火にかけ、煮立ったら弱火にしてふたをせずに40分ほど煮る(途中、煮汁が少なくなったら水適宜をたす)。玉ねぎとじゃがいもに串がすっと通るくらい柔らかくなったら、味をみて塩、こしょう各少々(分量外)でととのえる。

鶏肉の部位の選び方

大きく分けると**「じっくりスープ」向きの部位と、「クイックスープ」向きの部位**があります。**手羽先、手羽元などの骨つき肉は時間をかけて煮るからこそおいしくなる**、じっくりスープ向きの部位。骨のゼラチン質からだしが出ますし、煮込むほどに肉がほろりと柔らかくなります。

一方、**脂肪が少なく、煮ると堅くなるささ身や胸肉は、短時間で作る**クイックスープ向き。だしのうまみは骨つきに比べると薄めですが、ほかの食材の力も借りつつさっと煮て、肉をおいしく食べるスープです。また、あっという間に極上のだしがとれるひき肉もおすすめ（詳しくはP75参照）。**もも肉はどちらのスープにも使える万能部位**です。

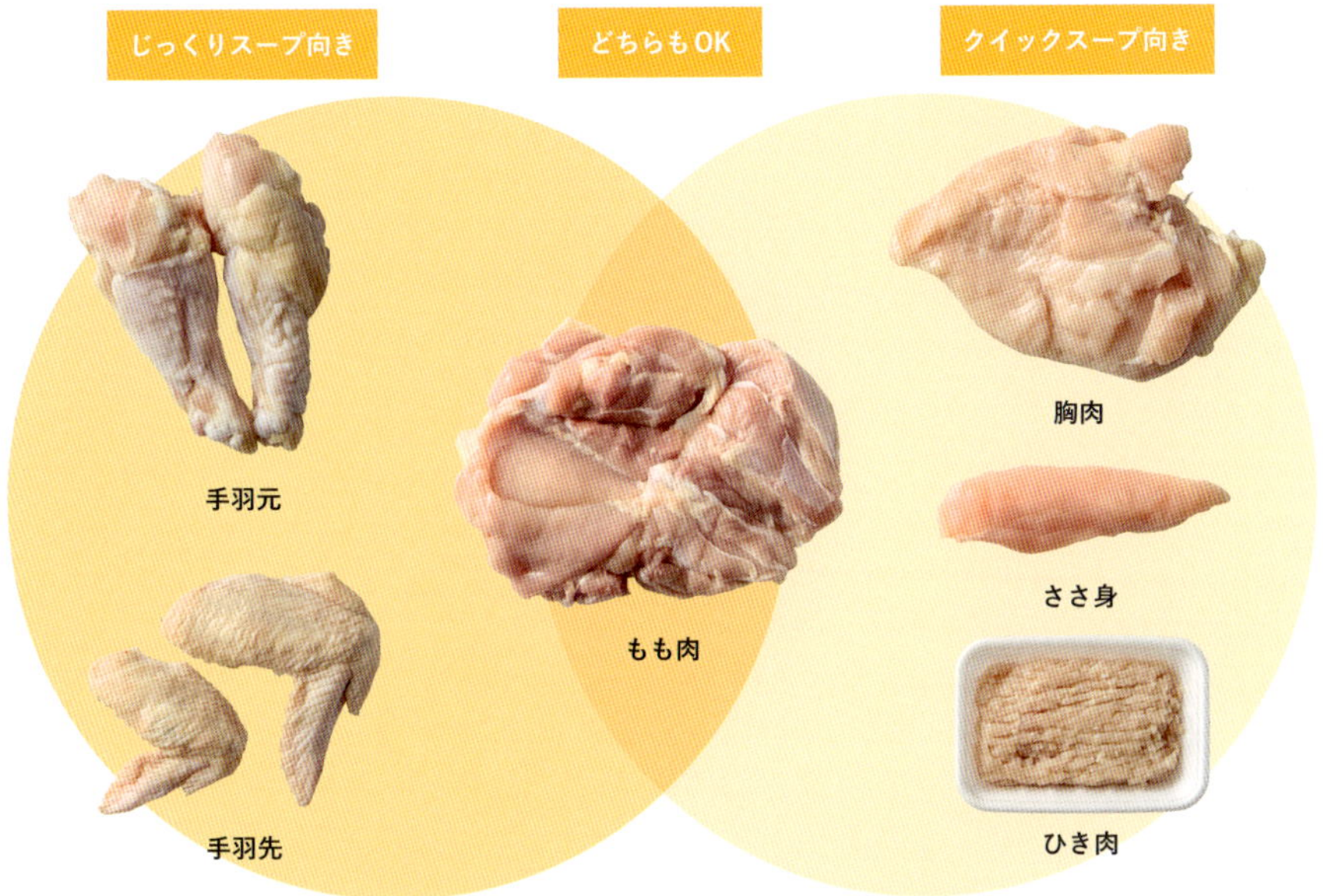

ももと手羽先のダブル使いで濃いうまみ。
ただ煮るだけだから簡単！

参鶏湯《サムゲタン》風スープ

材料　4人分

鶏もも肉(大)	1枚(約350g)
鶏手羽先	4本
にんにく、しょうが	各2かけ
米	50g(約大さじ3)
ねぎの青い部分	10㎝
塩	小さじ1
こしょう	少々
ねぎの小口切り	1/3本分
一味唐辛子	少々

作り方

1. しょうがは皮つきのまま薄切りにする。鶏もも肉は4等分に切る。手羽先とともにボウルに入れ、熱湯を注ぐ。表面の色が変わったら取り出して鍋に入れる。
2. 米、しょうが、にんにく、ねぎの青い部分、水1.3ℓを加えて中火にかける。煮立ったら火を弱め、ふたをせずに1時間ほど煮る(途中、煮汁が少なくなったら水適宜をたす)。
3. 塩、こしょうで調味し、器に盛ってねぎの小口切りをのせ、一味唐辛子をふる。

※さまして保存容器に入れ、冷蔵保存可。翌日中に食べきる。

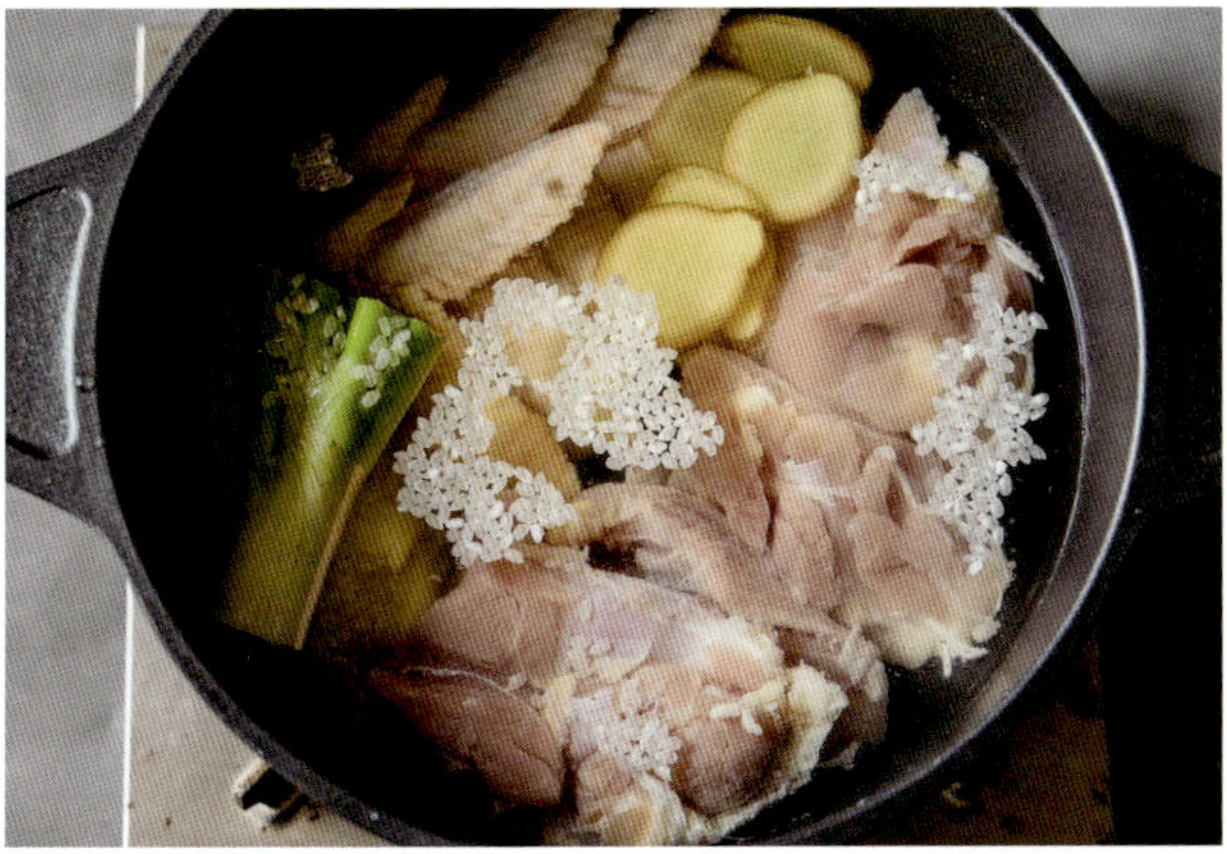

鶏肉は先に湯通しして臭みを除きます。あとは鍋に水と材料を入れて煮るだけ。

8章

不足しがちな栄養はスープでとる

海草や小魚、雑穀、豆……
体にいいとわかっていても、
なかなか頻繁に
食べられないものってありますよね。
どんな食材でも主役にできるのがスープの強み。
スープなら、たっぷりとることができちゃいます。

缶詰や乾物など、
できるだけ買いおきしやすい材料で
不足しがちな栄養がとれて
小鍋ひとつで作れるスープを考えてみました。
どれもシンプルだから、
好みで具をプラスしてもいいと思います。
スープで無理なく体をととのえましょう。

さっと火を通したきゅうりの食感が◎。
梅干しの酸味が疲れをいやしてくれます。

わかめときゅうりの さっぱりスープ

材料 2人分

カットわかめ(乾燥)	大さじ1
きゅうり	1本
梅干し※	1個
だしの素(顆粒)	小さじ1
塩(またはしょうゆ)	少々

※または酢小さじ1～2

作り方

1. きゅうりは斜め薄切りにしてから、細切りにする。
2. 水400㎖にだしの素、ちぎった梅干しを種ごと入れ、中火にかける。煮立ったら弱めの中火にし、5分ほど煮る。
3. きゅうり、わかめを加えて1～2分煮る。味をみてたりなければ、塩(またはしょうゆ)で味をととのえる。

めかぶのやさしいとろみに
シャキシャキの長いもがアクセント。

めかぶと長いものとろとろスープ

材料	2人分
めかぶ（味つきでないもの）	小2パック（約80g）
長いも	3cm
鶏ガラスープの素（顆粒）	小さじ1
塩	小さじ1/3
しょうゆ	適宜
ごま油	少々

作り方

❶ 長いもは1cm角に切る。

❷ 鍋に水400mℓ、鶏ガラスープの素、塩を入れて中火にかけ、煮立ったら長いもを加えて2分ほど煮る。

❸ めかぶを加え、再度煮立ったら味をみて、たりなければしょうゆを加える。器に盛り、ごま油をたらす。

焼いたねぎの香ばしさが味の決め手。
鮭水煮缶×玉ねぎでも。

さば缶と焼きねぎのスープ

材料

材料	2人分
さばの水煮缶詰(200g入り)	1缶
ねぎ	1本
塩	小さじ1/3
しょうゆ、こしょう	各少々
サラダ油	小さじ2
しょうがのせん切り	1かけ分

作り方

1. ねぎは長さ3〜4㎝のぶつ切りにする。
2. 鍋にサラダ油を熱し、ねぎを並べて中火で焼く。はじめは動かさずに、焼き色がついたら返しながら焼く。水500㎖、塩を加え、5分ほど煮る。
3. 缶汁をきったさばを加え、好みの大きさにほぐす。再び煮立ったら味をみて、しょうゆ、こしょうで味をととのえる。器に盛り、しょうがを散らす。

ミニトマトはさっと焼いて甘みを引き出します。
黒こしょうをピリッときかせて。

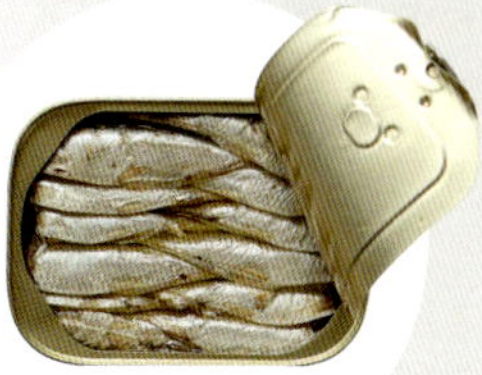

オイルサーディンとトマトのスープ

材料	2人分
オイルサーディン缶詰(100g入り)	1/2缶
ミニトマト	12個
にんにく	1かけ
塩	小さじ1/3
粗びき黒こしょう	少々
オリーブオイル	小さじ2

作り方

1. ミニトマトはへたを取って縦半分に切る。にんにくはつぶす。
2. 鍋にミニトマトの切り口を下にして並べ、にんにく、オリーブオイル、塩を加えて中火にかける。2分ほど焼き、トマトが柔らかくなったらおたまなどでかるくつぶす。
3. 水400㎖、油をきったオイルサーディンを加える。煮立ったら味をみて塩少々(分量外)、粗びき黒こしょうで味をととのえる。

押し麦のつるんとした食感が楽しい、
腹もちのいい一杯です。

押し麦とブロッコリーのミルクスープ

材料	1人分
押し麦	45〜50g
ロースハム （ウインナソーセージやベーコンでも可）	2枚
ブロッコリーの小房（ゆでたもの）	3〜4個
牛乳	50㎖
塩	小さじ1/3
こしょう	少々

作り方

1. ブロッコリーは幅1㎝ほどに刻む。ハムは5㎜角に切る。
2. 鍋に押し麦、ハム、水300㎖を入れ、中火にかける。煮立ったら弱火にしてふたをし、15〜20分煮る。
3. 押し麦が柔らかくなったら、ブロッコリー、牛乳を加えて温める。塩、こしょうで味をととのえる。

食べすぎて体が重たいときにぴったり。
食物繊維もとれます。

玄米の青菜がゆ

材料

材料	1人分
市販のパック玄米ご飯	1パック
小松菜(豆苗、水菜、三つ葉でも可)	小1株
塩	少々
ごま油	少々

作り方

1. 鍋に水350㎖を入れて中火にかけ、煮立ったら玄米ご飯を冷たいまま加えてほぐし、4〜5分煮る。
2. 小松菜を細かく刻んで鍋に加え、さらに1分ほど煮る。塩で味をととのえ、ごま油をふる。

小魚でカルシウムを

山盛りキャベツがサラッと食べられる
まるでホットサラダみたいなスープです。

しらすと キャベツのスープ

材料　1人分

しらす干し	大さじ1
キャベツのせん切り	100g
削り節	1パック（4～5g）
塩	小さじ1/3
しょうゆ	少々

作り方

1. キャベツは耐熱の器に入れ、塩をまぶしてさっと混ぜる。ふんわりとラップをかけ、電子レンジで1分～1分30秒加熱する。
2. 削り節、しらす干しの順に散らし、熱湯120～150㎖を注ぐ。
3. しょうゆをたらし、混ぜながら食べる。

煮干しだしは韓国風スープにもマッチ。
具として食べてしまえばいいんです。

煮干しと豆もやしのキムチスープ

材料	2人分
煮干し	5～6尾
豆もやし	1/2袋
白菜キムチ	80g
塩	小さじ1/3

作り方

1. 煮干しをボウルに入れ、水500㎖に2～3時間つけておく(夏は冷蔵庫に入れて。時間がないときは鍋に入れて弱火にかけ、10分ぐらい煮出しても)。
2. 豆もやしは鍋に入れ、水大さじ3を加えてふたをし、煮立ってから2～3分蒸し煮にする。
3. ①のだしを煮干しごと加えて煮立てる。キムチを加え、塩で味をととのえる。

鶏肉でたんぱく質もとれます。
酸っぱくてピリ辛で、元気が出る！

えのきとサラダチキンのサンラータン

材料	2人分
えのきだけ	1/2袋
市販のサラダチキン	1/2枚（約80g）
ねぎの青い部分の斜め薄切り	5～6cm分
塩	小さじ1/4
しょうゆ	小さじ2
酢	大さじ1
粗びき黒こしょう	適量
ラー油	少々

作り方

1. えのきは根元を落とし、長さ2～3cmに切る。サラダチキンは裂く。
2. 鍋にえのき、水大さじ1を入れてふたをし、弱めの中火にかける。2～3分蒸し煮にする。
3. 水400mℓを加えて煮立て、サラダチキンとねぎを加えて2～3分煮る。塩、しょうゆ、酢、こしょうを加えて味をみる。たりなければ塩少々（分量外）でととのえる。器に盛り、ラー油をたらす。

食感が楽しいヘルシースープ。
包丁なしで作れます。

まいたけとレタスのシャキシャキスープ

材料	2人分
まいたけ	1/2パック
レタスの葉	2～3枚
しょうがの薄切り	1かけ分
コンソメスープの素（顆粒）	小さじ1/3
酒	大さじ1
塩	小さじ1/2
片栗粉	小さじ2

作り方

1 鍋にまいたけをほぐしながら入れ、酒を加えて弱めの中火にかけて炒める。まいたけがしんなりしたら水400㎖、コンソメスープの素、しょうがを加えて煮立ってから5分ほど煮る。

2 塩で調味し、片栗粉を倍量の水で溶いて少しずつ加え、とろみをつける。

3 レタスを食べやすい大きさにちぎりながら加え、20秒ほど煮て火を止める。

クリーム×ツナの組み合わせが最高。
食べごたえがあって、腹もちも◎。

ツナと豆の クリームチャウダー

材料	2人分
ミックスビーンズ缶詰（食塩不使用・100g入り）	1缶
ツナ缶詰（オイル漬け・70g入り）	1缶
小麦粉	大さじ1と1/2
牛乳	100㎖
塩	小さじ1
こしょう	少々

作り方

1. 鍋に油をきったツナを入れ、小麦粉を加えて混ぜる。弱めの中火にかけ、とろみが出るまで混ぜながら炒める。
2. 水300㎖、ミックスビーンズ、塩を加え、煮立ったら弱火にして6～7分煮る。
3. 牛乳を加えて味をみて、塩少々（分量外）、こしょうで味をととのえる。器に盛り、好みでクラッカー適量（分量外）を添える。

おでんでおなじみの具をコンソメ仕立てで。
香ばしいがんもにスープがしみておいしい！

がんもの コンソメスープ

材料 2人分

がんもどき(小)	2個
ピーマン(万能ねぎや貝割れ菜でも可)	1個
コンソメスープの素(顆粒)	小さじ1/3
塩、こしょう	各少々
サラダ油	小さじ2

作り方

1. 鍋にサラダ油を入れて弱めの中火でしっかりと熱し、がんもどきを入れて両面に焼き色がつくまで焼く。
2. しっかり焼き色がついたら水400㎖、コンソメスープの素を加え、煮立ったら塩、こしょうで味をととのえる。ピーマンを粗いみじん切りにして散らし、20秒ほど煮て火を止める。

索引

肉類

鶏肉

鶏じゃがカレー（もも）……63
ささ身とのりのスープかけご飯……82
鶏肉と青豆のスープ（もも）……92
鶏肉とかぶの豆乳シチュー（胸）……98
塩鶏と玉ねぎ、じゃがいものスープ（もも）……139
参鶏湯風スープ（もも・手羽先）……143

豚肉

とんトロと大根の柚子カレースープ……60
豚肉と白菜のスープかけご飯（バラ薄切り）……81
かぶの豚汁（バラ薄切り）……109
れんこんのごま豚汁（バラ薄切り）……110
えのきのくるくる梅豚汁（バラ薄切り）……111
大根と結びしらたきの豚汁（バラ薄切り）……113
しいたけと焼き玉ねぎの豚汁（バラ薄切り）……114
ピーマンともやしのピリ辛豚汁（バラ薄切り）……115
玉ねぎとじゃがいものカレー豚汁（バラ薄切り）……116
THE・豚汁（バラ薄切り）……119
塩豚とキャベツのポトフ（肩ロースかたまり）……127
塩豚とまるごとトマトのスープ（肩ロースかたまり）……130

牛肉

牛肉と小松菜のキムチスープ（こま切れ）……78
にんじんと牛肉のシチュー（こま切れ）……93
いも煮（薄切り）……122

ひき肉

ひき肉となすのカレースープ（合いびき）……57
ひき肉とピーマンのガパオ風カレースープ（鶏）……59
ひき肉とトマトのとろみスープ（豚）……75
麻婆豆腐のあんかけご飯（豚）……85
ハンバーグシチュー（合いびき）……133
鶏だんごとチンゲンサイのスープ……137

肉加工品

ブロッコリーとベーコンのみそ汁……31
パンプディングスープ（ウインナソーセージ）……47
ソーセージとキャベツのサワーカレー……66
ソーセージとブロッコリーのクリームスープ……95
押し麦とブロッコリーのミルクスープ（ハム）……150
えのきとサラダチキンのサンラータン……154

魚介類

魚介類

鮭とニラのみそ汁……27
かきのカレー……71
えびとアボカドのあんかけご飯……86

魚介加工品

チンゲンサイともやし、かにかまのみそ汁……30
さば缶とパクチーのカレースープ……69
シーフードミックスの卵入りカレー……70
あさりとキャベツの塩バタースープ……79
きのことシーフードミックスのチャウダー……99
さば缶と焼きねぎのスープ……148
オイルサーディンとトマトのスープ……149
しらすとキャベツのスープ……152
ツナと豆のクリームチャウダー……156

豆腐・大豆加工品

豆腐のかきたまみそ汁……23
いろいろ野菜と油揚げのみそ汁……29

梅と豆腐のとろろ汁 …… 44
えのきと豆腐、油揚げの梅スープ …… 48
レンジみそ汁（油揚げ） …… 48
油揚げとねぎのスープかけご飯 …… 83
麻婆豆腐のあんかけご飯 …… 85
がんものコンソメスープ …… 157

卵

豆腐のかきたまみそ汁 …… 23
だしがらチャーハン …… 36
パンプディングスープ …… 47
豆乳卵スープ …… 47
ひき肉とピーマンのガパオ風カレースープ …… 59
卵と黒こしょうのカレー …… 65
シーフードミックスの卵入りカレー …… 70
きのこと卵の甘酢あんかけご飯 …… 87
玉ねぎと卵のミネストローネ風 …… 91

野菜

青じその葉・貝割れ菜・みょうが
なすのみそ汁にどっさり薬味ミックス …… 33

アボカド
えびとアボカドのあんかけご飯 …… 86

かぶ
鶏肉とかぶの豆乳シチュー …… 98
かぶの豚汁 …… 109

かぼちゃ
かぼちゃのポタージュ …… 101

キャベツ
ソーセージとキャベツのサワーカレー …… 66
あさりとキャベツの塩バタースープ …… 79
塩豚とキャベツのポトフ …… 127
しらすとキャベツのスープ …… 152

きゅうり
わかめときゅうりのさっぱりスープ …… 146

ごぼう
THE・豚汁 …… 119

小松菜
牛肉と小松菜のキムチスープ …… 78
玄米の青菜がゆ …… 151

里いも
いも煮 …… 122

じゃがいも
コーンとじゃがいものみそ汁 …… 26
鶏じゃがカレー …… 63
ソーセージとブロッコリーのクリームスープ …… 95
玉ねぎとじゃがいものカレー豚汁 …… 116
THE・豚汁 …… 119
塩鶏と玉ねぎ、じゃがいものスープ …… 139

セロリ
シーフードミックスの卵入りカレー …… 70

大根
とんトロと大根の柚子カレースープ …… 60
大根と結びしらたきの豚汁 …… 113
THE・豚汁 …… 119

玉ねぎ・新玉ねぎ
ひき肉となすのカレースープ …… 57
鶏じゃがカレー …… 63
卵と黒こしょうのカレー …… 65

かきのカレー …… 71
玉ねぎと卵のミネストローネ風 …… 91
にんじんと牛肉のシチュー …… 93
新玉ねぎのポタージュ …… 102
しいたけと焼き玉ねぎの豚汁 …… 114
玉ねぎとじゃがいものカレー豚汁 …… 116
塩鶏と玉ねぎ、じゃがいものスープ …… 139

チンゲンサイ

チンゲンサイともやし、かにかまのみそ汁 …… 30
鶏だんごとチンゲンサイのスープ …… 137

豆苗

鶏ガラスープで餃子と豆苗のみそ汁 …… 34

トマト・ミニトマト

ミネストローネ＋トマト …… 51
ひき肉とトマトのとろみスープ …… 75
塩豚とまるごとトマトのスープ …… 130
オイルサーディンとトマトのスープ …… 149

長いも

めかぶと長いものとろとろスープ …… 147

なす

なすのみそ汁にどっさり薬味ミックス …… 33
ひき肉となすのカレースープ …… 57

ニラ

鮭とニラのみそ汁 …… 27
麻婆豆腐のあんかけご飯 …… 85

にんじん

いろいろ野菜と油揚げのみそ汁 …… 29
にんじんと牛肉のシチュー …… 93
THE・豚汁 …… 119
塩豚とキャベツのポトフ …… 127

ねぎ・万能ねぎ

なすのみそ汁にどっさり薬味ミックス …… 33
ひき肉とトマトのとろみスープ …… 75
油揚げとねぎのスープかけご飯 …… 83
きのことシーフードミックスのチャウダー …… 99
THE・豚汁 …… 119
いも煮 …… 122
参鶏湯風スープ …… 143
さば缶と焼きねぎのスープ …… 148

白菜

いろいろ野菜と油揚げのみそ汁 …… 29
豚肉と白菜のスープかけご飯 …… 81

パクチー

さば缶とパクチーのカレースープ …… 69

ピーマン

ひき肉とピーマンのガパオ風カレースープ …… 59
ホットガスパチョ …… 103
ピーマンともやしのピリ辛豚汁 …… 115
がんものコンソメスープ …… 157

ブロッコリー

ブロッコリーとベーコンのみそ汁 …… 31
ソーセージとブロッコリーのクリームスープ …… 95
押し麦とブロッコリーのミルクスープ …… 150

もやし・豆もやし

チンゲンサイともやし、かにかまのみそ汁 …… 30
ピーマンともやしのピリ辛豚汁 …… 115
煮干しと豆もやしのキムチスープ …… 153

レタス

まいたけとレタスのシャキシャキスープ …… 155

れんこん

れんこんのごま豚汁 …… 110

きのこ類

いろいろ野菜と油揚げのみそ汁 …… 29
えのきと豆腐、油揚げの梅スープ …… 48
きのこポタージュ＋しめじ&えのき …… 52
きのこと卵の甘酢あんかけご飯 …… 87
にんじんと牛肉のシチュー …… 93
きのことシーフードミックスのチャウダー …… 99
えのきのくるくる梅豚汁 …… 111
しいたけと焼き玉ねぎの豚汁 …… 114
ハンバーグシチュー …… 133
鶏だんごとチンゲンサイのスープ …… 137
えのきとサラダチキンのサンラータン …… 154
まいたけとレタスのシャキシャキスープ …… 155

その他

乾物・海藻・雑穀

だしがら煮干しのアヒージョ …… 37
茶節 …… 43
キムチ茶節 …… 43
とろろ汁 …… 44
梅と豆腐のとろろ汁 …… 44
切り干し大根スープ …… 45
切り干し大根とカラムーチョのスープ …… 45
レンジみそ汁（わかめ） …… 48
わかめときゅうりのさっぱりスープ …… 146
めかぶと長いものとろとろスープ …… 147
押し麦とブロッコリーのミルクスープ …… 150
しらすとキャベツのスープ（削り節） …… 152
煮干しと豆もやしのキムチスープ …… 153

トマトジュース

さば缶とパクチーのカレースープ …… 69
玉ねぎと卵のミネストローネ風 …… 91
ホットガスパチョ …… 103

牛乳

パンプディングスープ …… 47
しょうがミルクくず湯 …… 49
シーフードミックスの卵入りカレー …… 70
ソーセージとブロッコリーのクリームスープ …… 95
きのことシーフードミックスのチャウダー …… 99
新玉ねぎのポタージュ …… 102
押し麦とブロッコリーのミルクスープ …… 150
ツナと豆のクリームチャウダー …… 156

豆乳

豆乳卵スープ …… 47
鶏肉とかぶの豆乳シチュー …… 98

加工品

コーンとじゃがいものみそ汁 …… 26
鶏ガラスープで餃子と豆苗のみそ汁（市販の餃子） …… 34
キムチ茶節 …… 43
レンジみそ汁（冷凍ほうれん草） …… 48
かぼちゃポタージュ＋冷凍かぼちゃ …… 52
コーンポタージュ＋冷凍コーン …… 53
牛肉と小松菜のキムチスープ …… 78
鶏肉と青豆のスープ（冷凍グリーンピース） …… 92
大根と結びしらたきの豚汁 …… 113
THE・豚汁（こんにゃく） …… 119
いも煮（こんにゃく） …… 122
煮干しと豆もやしのキムチスープ …… 153
ツナと豆のクリームチャウダー（ミックスビーンズ） …… 156

STAFF

撮影 ………… 福尾美雪
スタイリング・構成・編集 ………… 加藤洋子
デザイン ………… 根本真路
校正 ………… みね工房
DTP ………… 高橋玉枝
調理アシスタント ………… 大塚佑子
撮影協力 ………… 中川政七商店

編集担当 ………… 小林まりえ

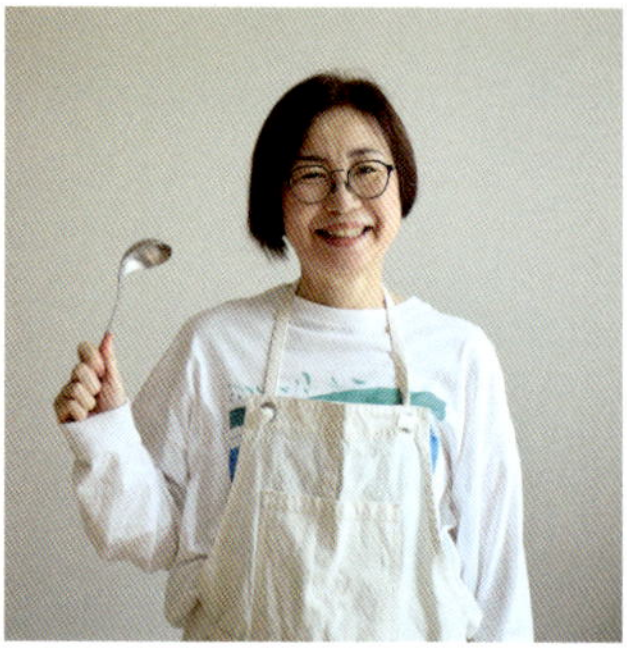

有賀 薫

ありが・かおる○スープ作家。家族の朝食にスープを作りはじめたのがきっかけで、SNSにレシピを投稿。日常に寄り添ったシンプルなレシピが人気となる。気軽に作れるスープ作りを通して、食材、道具、調味料など料理の基本や、食の大切さを伝えている。

スープが作れたら、
自炊は半分できたようなもの

2025年3月6日 第1刷発行

発行人　鈴木善行
発行所　株式会社オレンジページ
〒108-8357
東京都港区三田1-4-28 三田国際ビル
電話　03-3456-6672（ご意見ダイヤル）
048-812-8755（書店専用ダイヤル）
印刷所　株式会社美松堂

Printed in Japan

ISBN978-4-86593-722-0

noteマガジンでも発信中！

一部のレシピのもっと詳しい作り方や、自炊の小さなコツ、スープの魅力など、本書に掲載できなかったたくさんのコンテンツをウェブサイト「note」で発信しています。

https://note.com/kaorun